幼稚園建構教學

理論與實務

陳淑敏　著

❖❖❖❖ 作者簡介 ❖❖❖❖

陳淑敏

學歷：美國威斯康辛大學麥迪遜校區兒童與家庭研究博士
　　　國立高雄師範大學教育碩士
　　　國立台灣師範大學文學士
經歷：國立屏東師範學院幼兒教育學系副教授
　　　高雄中學輔導教師
　　　國中教師
現任：國立屏東教育大學幼兒教育學系教授

❖❖❖❖ 序　言 ❖❖❖❖

這些年來筆者一直嘗試應用皮亞傑和維高斯基的知識建構觀於教學，實施愈久愈能體會建構教學對學生學習的幫助。因為在這樣的教學之中，師生有經常性的對話，所以透過這樣的教學，筆者比較了解學生的思考，以及他們對所學習的知識的了解為何，由此而能進一步引導他們徹底了解所學。不過這樣的教學，對一向習慣於「老師說，學生聽」的台灣學生則頗不能適應。在上過筆者的課之後，有些學生慢慢喜歡這種透過對話的學習方式。

從教學之中，筆者深深感覺要改變學生固有學習方式之不易，所以決定在人生最初的正式教育場所──幼稚園去進行這樣的教學，趁早培養學生主動思考的習慣。在閱讀國內、外相關的文獻之後發現以知識建構觀點在小學所進行的語文、數學或自然科學的教學實驗都相當成功，但是在幼稚園進行的卻相當少見。筆者因此認為在幼稚園進行這樣的教學研究，更有其必要性，於是決定進行此教學實驗，幸得國科會提供部分經費補助使本研究得以順利完成，在此獻上我的感謝。

在實驗教學期間，筆者每天前往該幼稚園，深深體會到建構教學所引發的幼兒主動而積極的學習態度，以及他們對知性思考的喜愛。教師們的教學雖然相當忙碌，卻相當充實。對他們而言，教學不再是例行公事。教師對教學作了更多的思考，而他們也由此發現幼兒豐富的

思考力。每天幼兒離園之後，老師們愉快地分享當天他們和幼兒的對話。這是在他們多年的教學之中，所不曾經歷過的。教學最大的樂趣，莫過於此。

另外，必須提出說明的是，本書並未完整地呈現實驗教學的過程，僅摘錄筆者認為比較值得分享的片段。為了方便讀者閱讀，筆者自行根據每段教學內容加註標題，這是原來的教案裡所沒有的。

在整理所有的教學過程記錄時，筆者仍然感受到幼兒從學習中所獲得的樂趣，所以決定將這些資料和那些正為幼教工作努力的夥伴分享。筆者能將本書分享眾人，首先得感謝參與本研究的幼稚園老師，謝謝他們在實驗教學期間的努力和辛勞。其次，感謝該附幼校長和行政人員所提供的支援。此外，感謝幫忙錄影的許儀芬和黃嘉雯兩位學生，以及幫忙登錄資料的黃嘉雯、蔡穗如、劉美君、劉清和、譚惋瑩、王玉霖等多位學生。最後，感謝心理出版社將之付梓。

陳淑敏　謹識

❖❖❖❖ 目　　錄 ❖❖❖❖

第一章

為何要實施
建構教學

　　傳統的教學是以教師講述爲主，學生只是被動地接受知識。自從Piaget的理論公諸於世之後，它對兒童教育產生極大的衝擊。Piaget（1971）指出，知識是個體主動地作用於外在世界再經過個體內在的轉換（transform）而獲得。在知識發展的過程中，個體不斷地去經驗外在事物，同時也主動地賦予經驗以意義，這就是一種知識的建構。

　　事實上，Piaget所研究的不是教育，而是認知發展。Piaget發現兒童對周遭自然現象的看法不同於成人，Piaget將它解釋爲兒童與成人認知發展上質的差異。Piaget對兒童認知發展的研究引發了很多複製研究。這些研究有不少得到和Piaget類似的研究結果，但是研究者對研究結果的解釋卻與Piaget的解釋有所不同，發展心理學者將兒童所不同於成人的那些錯誤觀點稱爲迷思概念（misconception）（Carey, 1985）。

　　早在發展心理學者對迷思概念加以研究之前，科學教育者早已對它加以研究，並且稱它爲另類架構（alternative frameworks）。另類架構是個體在接受正式教育之前已經形成的概念，而它與真正的科學概念常常互相抵觸。有關另類架構的研究，都發現不論兒童或成人都有不少錯誤的科學知識，而這些錯誤的知識都是經由日常生活經驗所建構的。從發展心理學者的觀點而言，Piaget所研究的正是兒童透過生活經驗而非學校教育所形成的概念。

　　這些透過生活經驗所形成的概念，Vygotsky（1962）稱爲自發概念（spontaneous conception）。Vygotsky（1962）將兒童在日常生活中所建構的概念和接受學校教育所習

得的概念加以區分。在日常生活中所建構的概念稱爲自
發概念，經過教學所獲得的概念稱爲科學概念（scientific
concept）。Vygotsky所謂的科學概念並非只限於自然科學
知識，而是泛指經過正式教育所獲得的知識（pp.82-85）。
Vygotsky（1962）指出科學概念的學習是以自發概念爲基
礎，而科學概念的習得會使自發概念產生變化。從Vygotsky
的觀點而言，自發概念要轉化爲科學概念，必須透過教學。

　　如何教學才能使自發概念轉化爲科學概念？Vygotsky
（1962）曾經指出自發概念要轉變爲科學概念，不能經
由直接教學（direct teaching）去達成（p.83）。Vygotsky雖
然指出科學概念的學習不能經由直接教學，但是他並沒
有明確指出要如何學習才能獲得科學概念。不過在闡釋
「最近發展區」（zone of proximal development）這個概念
時，Vygotsky（1978）曾經指出成人可以透過問題、提示、
示範……等等方法，去提升兒童的心智發展（p.86）。由
此可見，從 Vygotsky 的觀點而言，科學概念（書本上的
知識）的習得，除了要有教師的引導，更需要有學習者
心智上的主動作用，而教師的引導是透過問題、提示、
示範……等等方法，而非經由灌輸。換句話說，Vygotsky
所強調的教學是一種合作建構的教學。

　　Vygotsky（1962）曾經指出Piaget所研究的是兒童未受
教育影響的自發概念，他並未去探討教學對概念或知識
發展的影響（p.84）。事實上，Piaget很少談到教育，在
對教育的少數論述中，他曾經對當時的學校教育有所批
評。Piaget（1973）曾經指出透過複誦、反覆練習等學校
經常使用的方法，並不能對知識有真正的了解。從Piaget

的觀點而言，唯有基於平等合作的互動討論，才可能引發兒童的認知衝突，由此個體思考會重新調整，這樣的互動對知識發展才有助益。

　　從發現迷思概念的普遍存在之後，建構主義的科學教育者進一步去探究造成這個情況的原因。根本（radical）建構主義的科學教育者將其歸咎於傳統科學教育只是重視知識的灌輸，沒有讓學習者主動地去思考建構科學知識。他們認為傳統的教學不能引發學習者的認知衝突，以及心理的自我調整，所以學習者在學習之前從生活經驗所建立的概念仍然保留，而未能有所改變。有鑑於此，建構主義的科學教育者強調科學知識的學習要引發學習者心思的主動建構，發現既有觀點之錯誤，進而能接受正確的科學知識。

　　如前所述，兒童透過日常生活經驗所建構的可能是迷思概念，若沒有教師的引導，這些概念可能不會被科學知識所取代。所以科學知識的教學不是任由學生自己去學習，而是透過教師引導，使學習者心理主動地去了解科學的概念和原理。換句話說，透過合作建構才能使學習者拋棄既有的迷思概念，而獲得真正的科學知識。從合作建構的觀點而言，學習是透過同儕之間與師生之間的對話，去引發學習者的認知衝突，讓學習者經過反思抽象作用，發現既有觀點之謬誤，因而放棄他們原有的觀點，進而獲得科學知識。

　　因為建構主義的科學教育者極力呼籲，美國在一九八九年公布的全國科學教育標準（National Science Education Standards, NSES）中，明白地揭櫫「知識建構」的觀點，

其中對科學教育之建議有：教師要幫助學生主動建構意義、科學的學習包括過程與知識內容、發展學生高層次的解題技巧而非死記知識，以及培養學生的科學技巧與態度，並能將科學與真實世界連結（Cited in Lind, 1997, p. 77）。

　　應用 Piaget 與 Vygotsky 合作建構知識的觀點在小學數學與科學教育的研究，教學之中一方面提供讓學習者操作試驗的活動，一方面提供師生或同儕討論的活動，透過這兩種活動讓學習者獲得科學的知識。一反傳統教學中學生只是聆聽的角色，讓學生透過對話去了解、澄清別人的觀點，並檢視自己的觀點，再進一步合作去解決問題獲得知識。從合作建構的觀點所進行的教學研究大都顯示，這樣的教學方式不只比較能增進科學知識，而且更能增進思考、組織、表達和討論的能力（Brown & Campione, 1996; Cobb, Wood, & Yackel, 1993; Hanato & Inagaki, 1993; Zukerman, Chudinova, & Khavkin, 1998）。

　　從合作建構的觀點所進行的自然科學教學研究雖然不少，在各個階段教育進行的都有，但是在幼兒教育階段進行的相當少見。Landry 與 Forman（1999）甚至指出要找到以七歲以下幼兒為對象的科學教育研究報告都相當不容易。這種情形國內、外皆然。因此幼兒科學教育仍然有待學者專家的努力。

　　近年來由於幼教專家與學者的努力，使得國內幼兒教育蓬勃發展，各種教學模式被實驗與應用在教學之中。愈來愈多的幼兒教師從教學之中發現到幼兒豐富的創造力，並且體驗到教學的樂趣。雖然國內的幼教已有相當

程度的進步，不過幼兒科學教育的進步還是相當緩慢。幼兒科學教育仍然是各領域教材教法中最弱的一環，幼稚園的課程設計也以科學活動所占的比例最少。幸曼玲指出造成這種現象的主要原因包括幼兒教師的科學知識不足，以及幼兒比較不易了解抽象的科學概念（陳燕珍譯，民 88，p.9）。

　　再看國內幼稚園自然科學之實際教學情形，大都仍是由教師先進行知識的教導，幼兒再依照教師的指示去操作。換句話說，教師仍然注重「科學知識」的教導，教學時偏重於知識內容的灌輸（高敬文、黃美瑛、陳靜媛、羅素貞，民 78）。少數教師則是任由幼兒去操作，而未能給與幼兒適當地引導。只是透過操作，幼兒不一定能建構知識，手動（hands-on）一定要有心動（mind-on）配合。從合作建構的觀點而言，上述這兩種教學都不能使幼兒對科學知識有真正的了解。唯有透過師生之間或同儕之間的互動性討論才可能引發幼兒去思考操作中事物之道理。

第二章

建構教學的
理論基礎

Piaget最早指出「知識是兒童主動建構的」。Vygotsky也認為知識必須透過主動建構才能得到，但是他更強調知識建構過程中他人的引導。近年來流行於教育界的建構主義，其理論的形成部分受到Piaget與Vygotsky理論的影響，所以本章亦擬加以探討。

第一節　Piaget 的理論

本節主要探討Piaget的知識發生論、社會互動觀與教育觀。

一、知識發生論

Piaget對哲學上知識論之興趣，引發了他去探究知識是如何發展和變化的決心。為了探究知識的發生，Piaget開始對兒童發生興趣。透過對兒童的研究，Piaget建立了所謂的「知識發生論」（genetic epistemology）。知識發生論是研究各種知識的根源，從探究知識的基本形式開始，接著是它的發展，到包括科學思考知識的最高層次。

Piaget對兒童知識發展的研究議題相當廣泛，研究的主要對象以處於具體運思期的兒童為主，他以晤談─描述（clinical-descriptive）的方法加以研究，從生物學和哲學的取向去加以解釋。

根據Piaget的說法，人和其他的有機體一樣，都是透過組織（organization）和適應（adaption）兩種生物性活動

以維持生存。智能活動與有機體整體功能是不能分割的，智能活動和生物性活動都是有機體在組織經驗和適應環境的過程中所必須進行的活動。

從 Piaget 的觀點而言，心理如身體一樣也是由結構（structures）所組成的，基模（schemata）則是組成心理結構的基本單位，它是個體在適應環境時所表現的基本行為模式。認知結構透過組織與適應兩種活動不斷成長與變化。適應的活動又包括同化（assimilation）與調適（accommodation）。同化是個體將外界刺激整合於自己的認知結構之中，調適則是個體不能整合外界刺激於認知結構時，認知基模自行修正或改變以整合外界刺激。同化會影響認知基模的成長（量的變化），調適則是影響認知基模的發展（質的變化）。

從同化與調適作用的進行可以看出，認知結構的發展既非主體亦非客體獨自運作的結果。所以，知識的發生既非源自客體（object）亦非源自主體（subject），而是源自此二者之間的互動（Piaget, 1971; 1983）。換句話說，知識既非客觀地存在於外在的世界，亦非由個體主觀的理性作用而得。由此可見，Piaget不但反對唯實論者將知識視為純粹來自個別的經驗，獨立於個人主觀意念的看法，他也反對唯心論者將知識視為純粹來自個體理性的運作。Piaget（1971）認為知識是個體主動地作用於外在世界再經過個體內在的轉換而獲得。

在知識發展的過程中，個體不斷地去經驗外在事物，同時也主動地去賦予經驗以意義，這就是一種知識的建構。從出生開始嬰兒即不斷透過動作去認識周遭的事物，

物體恆存概念的獲得是嬰兒在知識發展上的一大進步。這個概念的獲得，絕不是只有機械式的動作練習，它必須還有嬰兒主動的自我調整。同樣地，任何概念的學習也都是透過個體的行動，以及內在心理的調整。

二、社會互動觀

因為Piaget是從哲學上的知識結構議題去探究知識的發展，而非從心理學的角度去探究個體的心理發展，所以他所關心的是知識的主體（epistemic subject），而非心理的個體（individual）。他的研究主要在找出普遍存在於知識主體的知識結構之變化，而不是個體心理發展的差異。所以他的著述雖多，但是很少觸及社會因素與認知發展的關係，即使有也只是零星地出現在他的著作之中。直到一九六五年，Piaget有關認知發展與社會關係的論述，才陸續被收錄在《Etudes sociologiques》一書中。這本書的英文譯本《Sociological studies》，在一九九五年方才問世。與他的眾多著作相比，Piaget對心理發展與社會關係的關心似乎較少。顯然，這並不是他理論的重點。

除了很少談論社會互動與認知發展的關係之外，Piaget也未曾實際進行這方面的研究。因此很多學者批評Piaget不重視社會因素在認知發展過程中所扮演的角色，有些學者甚至指責Piaget否定社會因素在認知發展上的重要性，他們批評Piaget理論中的兒童是透過單獨作用於世界而建構知識。不過也有些學者認為Piaget雖然很少提到社會因素與知識發展的關係，但是這不表示他否定社會

因素在知識發展上的重要性。有些學者引用《Etudes so-ciologiques》一書的觀點為 Piaget 辯護，他們指出 Piaget 也認為社會互動對心理發展相當重要。本節擬就 Piaget 在這方面的觀點加以探討，以了解他對社會因素與知識發展關係之看法。

在探討知識的發生與發展時，Piaget（1950/1995）曾經指出所有的科學都應該包括知識學、心理學和社會學三方面，因此要對任何科學知識作理性的分析時都應該同時考慮這三方面。從 Piaget 的觀點而言，任何形式的知識都是心理、社會和生物因素交互作用而產生。他又指出人類的知識基本上是集體的，不論在前科學或科學階段，社會生活在知識的創造和成長上都扮演著不可或缺的角色（Piaget, 1950/1995, p.30）。Piaget 曾經提到，如果將兒童心理學界定為以實驗方法對個體心理發展所作的研究，這只是就方法的層面去定義。事實上，兒童心理學不只是心理學的一支，它也是社會學的一支，它應包含對個體社會化的研究（1950/1995, p.36）。另外，他又指出邏輯學者可以不考慮社會學或心理學的觀點，他們可以不觸及現實而只在理想的層面運思，但是心理學者和社會學者必須訴諸彼此的理論觀點，才能達到運思的平衡（1945/1995, p.155）。

在此，Piaget 似乎對別人的批評提出了辯駁，他之所以使用實驗方法對個別兒童的心理發展加以研究，主要是基於研究的需要，而不是否定社會因素對心理發展的影響。他不但沒有否定社會因素在知識發生學上的重要性，他還強調社會因素在知識的發生上扮演著不可或缺

的角色。

在探討兒童的認知發展時，Piaget（1983）曾經指出影響認知發展的因素有四：成熟（生物性因素）、物理環境（物理與數邏輯經驗）、社會環境（社會經驗）和平衡化。Piaget（1983）認為物理環境和社會環境對於發展的重要性是相等的，平衡化則是影響認知發展的最重要因素，因為它會調節其他三個因素對認知發展的影響（p.119）。物理環境和社會環境對認知發展的影響，最後還是必須透過同化和調適（平衡化）的作用才能夠完成。可見，從Piaget的觀點而言，發展是外在環境與個體互動的結果，而外在環境包括物理和社會環境，此二者對個體的發展則有相同程度的影響。

社會環境對認知發展究竟有什麼樣的影響？ Piaget（1983）曾經指出它（例如：文化或教育）可以加速或延緩個體進入每一個發展階段的年齡，但是不能改變發展的階段順序 （p.119）。換句話說，在不同的文化或教育環境中，不同個體的發展階段順序仍然是相同的。另外，他又曾指出個體心智的發展有一部分是受到社會或教育傳遞的支配，但是心智發展的順序是相當固定的，所以現代人和以前的人心智發展順序是相同的，只不過由於社會環境的變遷，使得現代人的發展速度較快，進入每一個發展階段的時間較以往提前（Piaget, 1950/1995, p.36）。

至於心智發展的各個階段與社會生活的關係為何？Piaget指出處於感覺動作階段的嬰兒，由於尚未獲得語言的能力，他們的心智能力幾乎沒有受到社會化的影響。

這個階段或許可稱爲純粹的個體智能（individual intelligence）階段。處於前運思階段的兒童（大約在二至七歲之間），思考的特徵是自我中心的，也就是處於純粹個體和受社會影響的智能發展階段之間，這個階段的兒童還不能區分自己的和他人的觀點。他還不知道如何和別人進行討論，也不能有系統地去表達自己的觀點。成人或較年長的兒童強加於這個階段兒童的觀點，會被兒童同化，但是這種同化只是表面上的。到了具體運思階段（大約在七至十一或十二歲之間），兒童開始能夠進行邏輯思考，不過這種運思的方式仍然比較具體化。也在這時，兒童已有相當程度的社會化，他開始能夠和別人合作，也就是說，他不只是從自己的觀點去思考，他還能夠去整合不同的觀點。他能夠和別人討論，並且透過反思去內化所討論的內容，也能闡釋自己的觀點讓別人能夠理解。到了形式運思階段，假設—演繹思考（hypothetico-deductive thought）（大約在十一或十二歲之後）成爲主要的思考方式，而它即是一種集體的思考方式（Piaget, 1945/1995; 1950/1995）。

在談到社會因素與認知發展的關係時，Piaget特別強調合作的社會關係對認知發展的重要性。Piaget指出邏輯（logic）不是在發展之始即已存在的天生機制，而是思考發展的最後特徵，它是一種動態和可逆的平衡化（1945/1995, p.139）。思考的平衡化是透過行動的協調，它可能是人際之間的，也可能是個人內心的。但是人際之間的（社會的）歷程，是沒有限制（constraint）或權威介入的，是一種真正合作的情境（Piaget, 1983, p.126）。只有個體之

間是處於平等地位，且沒有權威或特權介入的合作關係，
才可能有理性的思考（1928/1995, p.200）。只有合作才能
確保心理的平衡化，也唯有透過合作才能使個體區別心
理運思的真正狀態和遵循法則的理想推理狀態（1928/1995,
p.210）。

　　Piaget指出，表面上似乎得到了非透過個人經驗或反
思所獲得的知識，但實際上並沒有改變我們的思想。所
以教師應放棄權威者的角色，站在平等的立場和兒童討
論，讓兒童去驗證他的觀點，而不只是宣揚教師自己的
觀點並強迫兒童服從（1928-1995, p.204）。Piaget（1950）
又指出，透過討論才可能有批評發生，而只有處於平等
的地位才有可能進行討論，換句話說只有在平等合作的
關係中進行討論，兒童才不至於畏懼成人的權威，才敢
批評成人的觀點，而不會毫無疑問地將成人的觀點照單
全收。從Piaget的觀點而言，不論合作的對象是成人或兒
童，只有在沒有強迫的平等合作下，才能提升兒童的發
展層次。不過，Piaget比較重視同儕之間的合作討論，因
為他認為兒童與成人的地位通常是不平等的，而同儕之
間權力相當，所以比較有可能進行討論。

　　Piaget（1995/1928）又指出，在討論之中可能有認知
衝突發生，而衝突能得到化解以及討論要能獲得最後的
結論還必須有個體的反思作用。所以從 Piaget 的觀點而
言，合作是透過言語的互動，再加上個體心理的運思。
它是觀點的協調與整合，而沒有遷就或屈從。

　　由上述可知，Piaget不但沒有否定社會因素對知識發
展的影響，他還認為它是重要的影響因素之一。從Piaget

的觀點而言，社會經驗與物理世界的經驗對知識發展有相同的重要性。根據Piaget的說法社會互動要能增進認知發展，必須是互動者之間處於平等的合作關係。唯有在平等合作的社會環境，個體才可能進行反思或作理性的思考。這樣的社會互動才能提升個體的思考發展到邏輯推理的層次。

三、教育觀

Piaget對教育的看法究竟為何？雖然Piaget著作等身，不過他很少觸及教育。

從Piaget的知識論可以看出，他視個體為主動的求知者。在求知的過程中，個體不只是去經驗外物，更主動地創造事物的意義。因為兒童透過與外在世界的互動不斷地在建構自己的知識，形成自己的理論。所以兒童絕不是毫無思考能力的個體，等著成人去灌輸知識。由此推論他的教育觀點絕對不同於連結論者把學習者視為被動求知者的觀點，也不是像經驗主義者的說法「兒童猶如一塊白板」等待成人去上色。

根據知識主體經驗之差異，Piaget將知識分為三類：物理知識（physical knowledge）、數邏輯知識（logico-mathematical knowledge）與社會知識（social knowledge）。物理知識是對外界物品的認識，兒童透過對外物的行動而了解其物理特徵（Piaget, 1972）。例如：兒童將球丟下，球立即彈起，而發現它是有彈性的。這是兒童透過行動而獲得的知識，是實際經驗的知識。數邏輯知識是兒童將

經驗反思抽象（reflective abstraction）而獲得（Piaget, 1972）。不過，因為年幼兒童的數學活動包括實物的操作，所以看起來這個時期的數邏輯知識似乎是經驗性的，但是它與物理經驗是有所不同的，物理經驗是直接來自於物品的特質，數邏輯經驗則是透過個體對物品的行動，例如：組合、排序……等等而得，它是不受物品的特徵所限制的，這些用以建立數邏輯知識的基本心理形式一旦內化，就不再受到物理經驗所左右，而能在心理進行符號的推演（形式運思）。社會知識是社會約定俗成的知識，它和物理知識一樣主要是透過與外界的經驗所獲得。

　　Piaget 對兒童知識發展的研究是以數邏輯知識為主。數邏輯知識既非純粹來自外界的經驗，亦非純粹理性（知識結構）作用的結果，而是透過兩者之間的交互作用而形成（Piaget, 1972）。個體在與環境的互動中，知識結構不斷發展，知識結構愈是發展，個體愈能精確地詮釋從外界所獲得的訊息。

　　在有關教育的論述中，Piaget 曾經提到透過複誦、反覆練習等這些在學校中經常被使用的學習方式所獲得的並不是真正的知識，也不是真正的了解。真正的了解是經由建構，而不是將教師所傳授的照單全收（Piaget, 1973）。

　　Piaget 指責傳統的教育理論把兒童看成一個小大人，誤認為兒童的思考和感覺與成人一樣，只不過是比成人較缺乏知識和經驗罷了的說法。因為傳統教育視兒童為無知的小大人，所以教育者的工作是在填充這些無知的心靈，而不是在培育心智的能力。Piaget 指出兒童的思想和成人的是質上的差異，教育的主要目的應是培養心智

和道德的推理能力。但是這些能力是不能靠外力去培養的。因此教育的方法應是提供最適合的方法和環境協助兒童去建構知識。換句話說，是讓兒童獲得智能上的一致性和客觀性，以及智能和道德交互作用的機會（Piaget, 1970）。

Piaget又指出如果邏輯思考的能力是後天形成而不是天生即有的，那麼教育的第一要務即是培養推理的能力。如果「每個人都有受教的基本權利」，那麼在心智養成的過程中，每一個人都有權利在充滿學術氣氛的環境中去進行建構，直到獲得適應環境的基本工具，也就是獲得邏輯思考的能力（Piaget, 1973）。從Piaget的觀點而言，教育目的是培養兒童智能上的主動性，並使兒童能將所學的知識與技能類推到新的情境（Kamii, 1997; Staver, 1986）。

第二節　Vygotsky 的理論

本節主要探討 Vygotsky 的心智發展論、社會互動觀與教育觀。

一、心智發展論

受到馬克思主義的影響，Vygotsky從歷史／社會／文化的角度去探究心智能力的發生與發展，因此在解釋個體的心智發展時，他強調社會文化對心智發展的重要性。他認為嬰幼兒最初使用的是較低層次的心智能力，這種

能力是由生物遺傳所得，它是人和動物所共有。當個體
逐漸成長受到社會文化的影響或者接受教育之後，低層
次的心智能力才會轉變爲高層次的心智能力。這種能力
是經過社會文化的教化而產生，因此它是人類所獨有。
社會文化不是認知發展的外在環境，在心理發展的過程
中，個體已經吸納了社會文化的精華，而將它轉變爲心
理能力的一部分。

　　Vygotsky（1978）認爲社會文化對高級心智能力之發
展具有決定性的影響。他指出高級心智能力的發展經過
兩個不同的水準，首先是社會水準（social plane），也就
是心理之間的功能（interpsychological functioning），然後
是個人的心智水準，也就是個人內在的心理功能（intra-
psychological functioning）（pp.56-57）。可見從 Vygotsky 的
觀點而言，心智的發展是從外在的社會水準先開始，然
後才是內在的心智水準。外在水準（external plane）是在
社會互動之中形成，而內在的心智水準則是將外在的水
準轉化而成。

　　將外在的社會水準轉化爲內在心智水準的過程稱爲
內化作用。從 Vygotsky 的觀點而言，內化的過程相當複
雜，它並非只是將外在轉爲內在的單向移動，而是將個
體心智功能的內在水準重新建構以與外在的社會水準緊
密相連。所以說，內在功能不只是外在功能的翻版而已，
經過內化作用之後，它已經有了新的組成。

　　從 Vygotsky 的觀點而言，將外在活動轉化爲內在思
想的媒介是語意系統，或者說，它是將心智發展從生物
性層次轉化爲高級心智功能的工具。因此從 Vygotsky 的

觀點而言，高級心智能力的形成必須依賴該文化系統中所建構的符號系統。換句話說，各種語意系統的使用會導致思考的內容與形式完全的改變。Vygotsky認為，符號是社會的，它先是被用為影響他人的工具，後來才變為思想與表徵的工具。例如：在成人與兒童共同的活動中，成人將這些工具傳授給兒童，接著兒童將其內化。之後，它就成為兒童高級心智歷程的主要仲介（Karpov & Haywood, 1998）。Vygotsky所謂的符號或心理工具包含很廣，包括各種計數系統、記憶技巧、阿拉伯數字、藝術作品、文字、地圖、圖表、機械圖以及各種傳統的符號都是。

在談到社會文化對認知發展的影響時，Vygotsky提出一個重要概念——「最近發展區」。Vygotsky（1978）認為發展可以分為兩個層次，一是「實際的發展層次」（real level of development），這是個體能夠獨立解決問題的層次；另一是「潛在的發展層次」（potential level of development），這是在成人的引導下或與能力較佳的同儕合作，才能解決問題的層次；這兩個層次之間的差距就是「最近發展區」。最近發展區是強調兒童透過社會互動去進行他自己單獨所不能進行的活動。或者說，在成人或能力較高的同儕協助下，進行以他的能力所不可能完成的工作。在此區也就是教育發揮功能的時候。

二、社會互動觀點

從之前對 Vygotsky 心智發展理論的探討，已可清楚地看出歷史／文化／社會環境在他的理論中之重要性。

　　Vygotsky是從馬克思主義的觀點建立他的心智發展理論，他強調集體的心智功能，所以社會環境與心智發展之關係是不能分割的。從 Vygotsky 的觀點而言，要探究心智發展一定要考慮個體所生存的文化社會環境。社會環境與心理發展兩者之間的關係可說是相互牽引，相輔相成。心智的發展不能抽離社會文化的影響，社會文化也在人類的建構中不斷地改變，所以心智發展與歷史／文化／社會是交互影響、相互依存且密不可分（Moll & Whitemore, 1998）。

　　在個體與社會文化的互動之中，語言符號是仲介。語言符號既是社會文化的產物、是心理之間互動的仲介，也是心智思考的工具。心理與心理之間藉著語言符號互動，而能有更高一層次的發展。

　　從Vygotsky的觀點而言，社會因素對認知發展的影響不僅是透過人際接觸的互動，更重要的是歷史和文化環境的變化對個體發展的影響。兒童與其所生存的文化環境不是兩個各自獨立的單位，而是融合為一體互相倚賴互為影響。高級心智歷程的發展是不斷發展的個體和不斷變化的社會文化環境交互作用的結果。這種交互作用是一種辯證的質變，每一次的變化都經過分解和重組的過程。

三、教育觀

　　Vygotsky的心智發展論所談論的幾乎都是文化與心智發展的關係。狹義言之，就是教學對發展的影響。最近發展區的構念，即是闡釋教學對心智發展的影響。從

Vygotksy的觀點而言，好的教學應先於發展，應該能喚醒和激發生命中潛在的功能，使其朝向更成熟的方向發展。從他的觀點而言，教學不應只是配合兒童所表現出來的發展水準，更要激發兒童潛在的能力。Bliss（1995）指出Vygotsky是少數強調教導（instruction）功能（更廣泛地說是教育）的社會心理學者之一。

　　但是 Vygotsky 所謂的教學絕不是教師一味地灌輸，而學習者被動地照單全收的方式。教學應該是透過教師的引導，讓學習者從主動的建構中獲得知識。因為社會文化的內化是一種心理的重組，內化的心理不只是外在文化的翻版而已。

　　Vygotsky（1962）在探討概念的發展時，也一再闡述他對教學的看法。在談到概念的學習時，Vygotsky（1962）將概念分為兩類：一是自發概念，另一是科學概念。自發概念是指兒童泛過日常生活經驗所獲得的概念，科學概念則是指經由教學並透過兒童主動建構所獲得的概念。科學概念雖然是經由教學而獲得，但絕非是經由背誦，亦非是將現成的知識加以吸收。Vygotsky（1962）曾經明白指出科學概念的學習是不能經由反覆練習（drill）或直接教學獲得的，透過直接教學，兒童雖能複述教師所教的概念，卻不能真正了解概念之意義（pp.82-83）。

　　Vygotsky的自發概念可謂學習者在學習之前已有的先期概念，科學概念則是透過學校教育所要學習的書本上的知識。Vygotsky（1962）指出，自發概念的發展與科學概念的發展彼此交互影響，科學概念的發展以自發概念為基礎，科學概念形成之後自發概念也隨之改變。從他

的觀點而言，教學要先了解學生的先期概念，以學生的先期概念為基礎，將書本上的知識與學生的生活經驗連結，透過教師的引導激發學生主動的建構，如此學生才能真正了解書本上的知識，有了真正的了解，在教學之前所形成的錯誤概念才得以修正。

Vygotsky所謂的科學概念並非限於自然科學知識，而是泛指經過學校教育所獲得的知識。Vygotsky（1962）認為任何學科之學習都必然涉及意識（consciouness）和有意的精熟（deliberate mastery）等心智功能的運作，而學習對高級心智能力發展之影響也不受學科之限制，在某一學科之學習會引發個體心智能力全面性的發展（p.102）。所以建構教學不只適用於科學知識的學習，也適用於其他學科知識的學習，因為任何學科知識的學習，都必須有心智的主動建構。

如何教學，才能提升心智發展的層次？Vygotsky（1978）曾經指出，透過成人的引導或與能力較高的同儕合作，可以提升心智發展。成人如何引導兒童學習呢？Vygotsky（1978）認為方法很多，例如：演示、提問題、提示解決問題的方法等等（p.86）。在談到科學概念的學習時，Vygotsky（1962）指出科學概念的學習必須透過主動注意（deliberate attention）、邏輯記憶（logical memory）、抽象化（abstraction）、比較、歸納（generalization）等智能的作用（p.83）。由此可見，Vygotsky 雖然強調以語言符號為仲介的社會互動對心智發展的影響，但是他的「以語言符號為仲介的社會互動」，絕對不是像傳統教學那般純粹由教師講述而學生只是被動地接受。

第三節　建構主義

　　Piaget很少談論教育，他也不願意將他的知識發生論
應用於教育，不過他的知識發生論已經被教育學者加以
應用。近年來科學教育界更是興起一股應用Piaget理論的
熱潮，建構主義因此應運而起。以Piaget理論為基礎的根
本建構主義，以及採用 Vygotsky 理論的社會建構主義
（social constructivism）以及社會文化取向（social cultural ap-
proach）的建構主義，近年來已成為科學教育思想的主
流。建構主義的流派很多，本研究只擬探討從 Piaget 與
Vygotsky 的觀點所建立的理論。

一、知識論

　　從十九世紀以來，以自然科學的實驗方法為知識唯
一檢證的「實證主義」一直是學術思想的主流。實證主
義將知識的重心置於知識的內容以及驗證方法，是「客
體」的知識論者（朱則剛，民85，p.40）。這樣的知識論
近來遭受很多的攻擊與批判，建構主義即是對實證主義
知識論的反動。
　　以Piaget的知識論為基礎的建構主義，主張世界不是
獨立於認知者而存在，知識也不是對這個世界的表徵，
知識是個體透過同化與調適主動作用於真實世界中所創
造出來的（von Glaserfeld, 1992, p.50）。

　　Piaget（1971）認為，所有的知識都來自於行動，要認識一個物體或一件事情即是要使用它，將它同化於一個行動基模，這適用於所有的知識層次，包括從最基本的感覺動作層次到最高級的數邏輯運思層次。從Piaget的觀點而言，知識是透過行動而獲得，知識既不是在描述周遭的環境，也不是在複製環境的影像。知識不是從與現實世界的符應程度去衡量，而是從它是否能讓個體成功地了解現實世界去衡量。建構主義擷取Piaget上述的觀點，強調從工具性的角度去判斷知識，知識不能脫離經驗而存在，知識必須讓有機體在面臨認知上的紛亂時，保持或得到內在的平衡，這就是知識的適應性。

　　採用Piaget觀點的建構主義，主張求知是一種適應環境的活動，知識即是個體在適應環境的過程中產生（von Glaserfeld, 1995, p.7）。von Glaserfeld（1992）認為，以適應性去判定知識容易遭致誤解，因此他以有效性取代適應性。知識是被創造出來的，任何知識如果在所創造的脈絡中證明為合宜，它即是有效的（viable）。

　　知識的建構是個體在與外在世界互動中主動地去找出事物之間的關係。例如：Piaget研究中的兒童，發現一排石頭不論從左邊開始算，或從右邊開始算，數量是完全一樣。從兒童的主動建構中，他發現數量不因數數的順序而改變。

　　知識建構是一種調適作用，社會互動則是引發認知衝突以及接著發生的調適作用的重要因素。在知識建構的過程中，引發社會互動的環境與周圍的物理環境同等重要。

　　以 Piaget 理論為基礎的根本建構主義其知識觀主要是：㈠知識是思考中的個體從內在主動建立的，而不是透過感覺或任何形式的溝通被動接受的。㈡社會互動是建構知識過程中重要的因素，知識的建立是在學習者之間的互動中發生。㈢認知的特徵是功能性的與適應性的，認知與知識的產生是一種較高級的生物適應形式，合適性（fit）與有效性則是判定知識的指標。㈣認知的目的是讓個體組織他的經驗世界，而不是去發現客觀存在的世界（Staver, 1998; pp.503-504）。

　　以 Vygotsky 理論為基礎的社會建構的知識論，也駁斥「知識是外在世界的符應或表徵」的觀點，而主張知識是經由各種形式的社會互動創造出來的（Gergen, 1995, p.24）。這派理論特別強調透過對話去創造知識的意義。

　　Staver（1998）指出，根本建構主義與社會建構主義的知識論有共同之點，但也有些微差異。共同之點包括：㈠知識都是社群主動建立，也都是由內在產生。㈡社會互動是建立知識的主要途徑。㈢語言是社會互動的主要媒介。㈣認知的主要目的是使個體的經驗世界以及社群的知識更趨一致（p.504）。它們的相異之點則是研究之焦點不同，根本建構主義的研究焦點是認知與個體，社會建構主義的研究焦點是語言與社群（Staver, 1998）。因為研究的焦點不同，導致研究方向與研究問題都大異其趣。

二、教學觀

　　從根本建構主義的觀點而言，學習不是刺激與反應

的連結，而是需要自我調整（self-regulation），以及透過反思與抽象作用建立概念結構。學習要讓學習者從問題解決中得到樂趣，由此引發他的學習動機，而不是去提取所背誦的正確答案。學習也是求知者透過感覺動作和概念運思而能有效獲得知識的經驗（von Glaserfeld, 1995）。所以教學之中，教師不要只注意學生的表現，而要去了解學生腦袋裡在想些什麼，傾聽學生所說與觀察他們所為，由此去詮釋與建立學生概念結構的模式（von Glaserfeld, 1995, p.14）。所以教師應該去除「我們所擁有的才是真理，別人最好能相信我們」的看法，這樣社會文化的實體將會更有生機，且更為豐碩（von Glaserfeld, 1993）。

　　Hardy 與 Taylor（1997）指出，von Glaserfeld 結合 Piaget 的同化與調適概念所建構的認知模式，能有力地解釋學習的過程。它能幫助我們了解兒童的另類架構為何難以改變，還能解釋改變概念所造成的認知衝突，由此去建構教學策略。此外，他們又指出兒童既有基模之調適是難以達到的教學目標，既有基模之調適是一個透過手動與心動的認知過程，它的成敗取決於學習者所處的社會／文化環境。

　　甯自強（民 82）指出，從根本建構主義的觀點而言，教學是一種交互辯證的過程。在教學的過程中，教師是「佈題者」而非「解題者」，教師的職責是提出問題讓兒童去解決，在解題的歷程中教師再透過問題讓兒童去反省自己的思考，以及比較自己的思考方式和他人之差異。甯自強（民 85）又指出實施建構主義的教學，教師應重新思考被自己視為理所當然的教學方式、調整自己

和學生互動的方式，以及調整自己處理事情的方式。

　　然而多年來客觀主義的知識觀、學習觀、數學與科學的本質觀一直是整個社會與專業界的思想主流，現在肩負教育責任的教師，他們的思想已深受客觀主義的影響。因此要解除客觀主義的知識觀、學習觀、數學與科學本質觀對他們思想的深刻影響，進而期望他們接受建構主義並應用它在教學不是一件容易的事（Hardy & Taylor, 1997）。

　　從社會建構主義的觀點而言，學習也不是去熟記一大堆知識，學習是透過對話（dialogue）去建構意義。教師要去製造對話的脈絡，讓對話的內容涵蓋個人及社群所追求的所有事物，使對話的價值與意義能夠充分實現（Gergen, 1995）。

第四節　建構者觀的自然科學教育

　　Piaget 與 Vygotsky 的理論影響了建構主義的建立，而建構主義又引發了科學教育界的研究熱潮，科學教育者紛紛從知識建構觀點探究科學知識的學習。研究方向從早期的迷思概念，到後來教室裡的社會文化脈絡與科學教育之關係。

一、迷思概念或另類架構

　　建構主義的科學教育者發現，學習者在正式接受科

學教育之前早已建構了個人的科學知識（Driver, Guesne & Tiberghien, 1985; Johnson & Wellman, 1982; McCloskey, 1983; Viennot, 1979），不過這些知識大部分是錯誤的。後來發展心理學者也指出兒童所不同於成人的思考即是迷思概念，而不是 Piaget 所謂的「兒童與成人思考質上的差異」（Carey, 1986）。

　　對於兒童在接受科學教育之前所擁有的科學概念，不同的研究者冠以不同的名稱，包括：先期概念（preconceptions）、迷思概念、直覺（intuitions）、另類概念（alternative conceptions）、另類架構、質樸理論（naive theories）。對於兒童的某些先期概念，曾經在很多國家被研究過，結果大致相同。換句話說，兒童的某些先期概念具有相當的普遍性，不因國家不同而有差異（Carey, 1985）。

　　例如：Johnson 與 Wellman（1982）發現兒童對大腦的概念是錯誤的，兒童認為大腦是負責思考、作夢、記憶、解決問題的器官，但是它和走路、呼吸、打噴嚏，甚至說話都沒有關係。Carey（1986）研究學生對地心引力之了解，結果發現學生大都憑著直覺（眼睛所見）去解釋物體落地的現象，而他們的解釋並不符合科學的原理。

　　除了對學生錯誤的科學概念加以研究之外，建構主義的科學教育者更進一步去探究經過學習之後這些錯誤概念是否改變。結果發現很多學生在經過學習之後仍然保有錯誤概念，換句話說，學習者的固有觀點或概念很頑強地抗拒改變，即使經過學習，學生也很難改變他們原有的錯誤概念（Viennot, 1979）。

　　下述的研究即是佳例，雖然這些研究原本的目的並

不是要了解學生的先期概念。

　　認知科學家以大學物理系和機械系學生為研究對象，研究學習過程中大腦功能的運作。研究中，每一位受試者必須運用他們的科學知識去解決一些實際生活的問題，問題的難度很高，結果有百分之八十五的物理系學生以及百分之九十的機械系學生不能解決這類的問題。認知心理學者進一步去探究這些學生不能應用他們所學的科學知識於實際生活情境的原因，他們發現在接受科學教育之前，這些學生在日常生活之中已有自己解釋自然現象的一些看法，當被要求解決實際生活的問題時，他們仍然仰賴早已形成的錯誤知識去詮釋所見到的現象或去解決所面臨的問題，而非應用書本上所學到的科學知識（Champage & Klopfer, 1984; Driver, 1990; Driver & Bell, 1986）。

二、科學知識必須透過主動建構才能得到

　　從迷思概念的研究得知學習者在日常生活與周遭環境的互動中已經主動地在建構事物的意義，由此形成自己對自然現象的看法。然而這些透過日常生活經驗所建構的個人知識，常常與正確的科學知識相違背。在學習科學知識時，學習者常常以原有的看法去詮釋教師或書本所提供的訊息，因而造成錯誤的詮釋。

　　學習者學習科學之困難常常是由於他們所擁有的概念與科學概念、原理和原則背道而馳，而這些觀點影響甚或決定他們對科學知識之了解，學習者會嘗試將科學

知識與原有的觀點整合，然而因為原有的觀點與科學知識背道而馳，所以最後就形成了很有趣的混合。

　　為什麼兒童在接受科學教育之後仍然保留錯誤的概念？從建構主義的觀點而言，那是因為過去的科學教育只強調記誦，而不是讓兒童透過建構去了解科學的概念。Yager 與 Lutz（1994）指責過去的科學教育只著重科學知識的講述，因而造成學習者只能記誦書本上的知識，卻不能去驗證書本上的知識，更不能將書本上的知識應用到實際生活情境。因此在推動科學教育上，「如何教」的問題比「教什麼」的問題更值得我們去思考，而建構主義的學習論強調真正的學習是個體主動建構意義的過程，透過這樣的學習，學習者可以發現自己已有的知識或觀點的錯誤，重新去建構正確的知識，而對科學現象有了新的了解，那才是真正的了解。

　　要如何學習才能使學習者的錯誤概念轉變為科學概念？從建構主義的觀點而言，舊有的觀點除非經過徹底的反思而發現它的謬誤，否則是不會被輕易放棄的（Duit, 1995, p.277）。Posner、Strike、Hewson 與 Gertzog（1982）等人認為，概念的改變需要認知上的適應作用，適應作用的發生則有下列四個條件：㈠學習者對自己現有的概念有所不滿。㈡學習者能夠將新概念與經驗連結。㈢新概念一開始必須是讓學習者覺得可以接受的。㈣新概念有產生新的研究問題的可能性。

　　Carey（1986）指出在學習科學知識時，學習者必須將所知道的和所讀到的（或所聽到的）加以連結，才能有真正的了解，這樣的連結必須透過主動的建構。筆者

認為此語有數個含義：㈠科學課程必須和學習者的生活
經驗有關，必須是學生感興趣的和關心的。㈡科學知識
的學習必須透過學習者主動地運用心智思考，先找出原
有觀念錯誤之處。㈢科學知識的獲得是在學習者否定原
有錯誤的概念之後，重新調整思考去建構正確的知識。

　　建構的學習不只需要對外界的行動，更需透過個體
內在的反思抽象作用。內在的反思抽象作用即是知識結
構的重組，透過這樣的重組個體得以對科學概念、原理
或原則有了真正的理解。換句話說，真正的了解即是個
體知識結構的再造與發明。

三、合作建構有益於科學概念的學習

　　建構主義者認為錯誤概念要改變，學習者必須能體
認自己的概念與科學概念之衝突，並且承認自己的概念
之繆誤。如何使學習者發現自己的概念與科學概念之衝
突？建構主義者指出社會互動是引發認知衝突的有效方法。

　　Posner等人（1982）指出，學習應該是學習者原有的
觀點或概念與教師教導的觀點或概念之間的互動。他們
又指出教師可以使用下列的教學策略去幫助學生改變錯
誤的概念：㈠不論在講述、演示、問問題或實驗都要提
供學生認知衝突的機會。㈡多花一些時間去診斷學生思
考的錯誤，了解學生如何抗拒思考的調適，並找出適當
的處理策略。㈢幫助學生透過各種方式去了解科學內容，
並能以不同的方式加以表徵。㈣發展適當的評量技巧，
以評量學生概念的改變。

　　Hanato 與 Inagaki（1993）認為在同儕互動中，學習者比較敢於表達自己的觀點，雖然這些觀點會遭到批判，但是透過觀點的互動，學習者更能發現自己觀點之謬誤，而能進一步和他人共同去形成正確的觀點。

　　Tobin（1998）主張科學的學習要透過對話。他認為科學知識不是透過單獨操作而得到，而是透過師生以共同的語言對話互動建構獲得。Bentley（1998）也指出建構主義的科學教育是透過不斷地協商去創造意義的過程，因此它重視心智思考和分享的活動。

　　從互動建構的觀點而言，科學知識的學習除了提供學習者操作試驗的活動之外，還要提供學習者與他人對話與討論的機會。科學探究活動本身不一定會引發兒童修正或進一步發展自己的觀點，要增加這些發生的可能性，教師必須主動地與兒童互動，幫助他們反省他們所做所想（Biddulph & Osborne, 1984, p.28）。操作試驗的活動若不結合問題與反思，不可能有所學習（Bentley, 1998）。學習者透過與他人的互動，接觸到不同的觀點，而能對自己的觀點加以反思。透過科學對話，與教師以及同儕合作去建構知識。

　　從上述可見，建構主義者都強調對話在科學知識的學習上之重要性。什麼是對話？什麼樣的談話才能算是對話？ Splitter 與 Sharp（1995）指出，對話（dialogue）不同於一般日常生活中的會話（conversation），會話必須具有下列條件，才可視為對話：㈠針對一個主題或問題。㈡必須有心思上的自我調整（self-regulation）與自我修正（self-correction），參與者隨時準備對別人所提出的觀點

或理由提出質疑，並陳述自己的觀點，或舉例反駁。(三)不論每個人的觀點爲何，參與者都尊重彼此的觀點。(四)參與者對所討論的問題都感興趣（pp.34-35）。

教師如何與學生進行對話，讓他們透過這樣的活動去建構科學知識？ Splitter 與 Sharp（1995）綜合許多學者的觀點指出，建構主義的科學教育之教學策略：(一)引導學生說出他們對某一個問題的看法或某一個現象的觀點。(二)引導學生從不同的觀點去看同一個問題。(三)引導學生將所接受到的科學知識與原有的觀點加以比較。(四)引導學生說出所持觀點的理由。(五)引導學生對所持觀點作自我修正（p.43）。

綜合上述，建構主義不是一種教學方法，它是一個知識論。從這個知識論的取向去進行教學，教師應運用各種方法去引發兒童主動的思考，而非控制兒童的思考。建構主義的教學應該不是任由學習者自己去建構，教師只是袖手旁觀。在建構的過程中，教師對學生的思考發展負有重任，教師是引導者，他應先了解學生的先期概念，再透過和學生共同的討論以及生活實例的舉證，讓學生將書本上的知識與生活經驗連結，引導學生進行反思抽象作用，由此對書本上的知識有真正的了解，這種了解是能使用書本上的知識去解釋生活中所見到的現象，或去解決生活中所遭遇的問題，而不是只能去複述課本上的知識。所以在這樣的教學之中，教師除了對學科知識必須有相當的了解之外，還要能熟悉各種教學技巧，視情況使用適當的技巧去引發學習者思考。

教學應該包括教師如何教與學生如何學，過去的教

學大多偏重在教師的教,而忽略了學生在學習過程的主
動性。建構主義強調惟有在學生心智主動的狀態下學習
才可能發生,所以教師的主要任務是運用各種方法引導
學生主動思考。實施建構教學時教師要先徹底了解建構
主義,以免過分拘泥於某些技術層面而未能掌握知識建
構之精神。

第三章

實際教學

第一節　作息時間

實驗教學之前三個月，研究者即開始和教師進行定期討論。研究者提供教師們建構論的文獻，請他們先閱讀再討論。此外也加入岡田正章（1996）的《幼稚園自然事項‧數量形教學設計》一書中的教學實例加以討論。在討論之中，有位老師曾經提到作息時間的安排對教學的影響。

> 王老師：「養兔子」的活動似乎進行了很長一
>　　　　段時間，而我們的活動都是斷斷續續，
>　　　　不夠完整和連貫。
> 研究者：為什麼會這樣？
> 王老師：每天的作息都很固定，時間都是片段
>　　　　的，活動的實施有現實的限制。比方
>　　　　說點心時間到了，活動就被截斷了，
>　　　　你能叫孩子們不吃點心嗎？
> 研究者：學校有規定你們的作息時間嗎？
> 王老師：沒有，我們的自主權滿大的。
>　　　　　　　　（88/12/15教師培訓記錄）

研究者察覺到老師們對點心時間的安排感到困擾，但是又不知道如何解除這樣的困擾。所以在下次的教師培訓時間提出建議。

研究者：王老師上次提到目前的作息時間有被
　　　　分割成片段的感覺，教學應該是有彈
　　　　性的，作息時間是不是要重新調整，
　　　　以便有較完整的學習時段？是不是可
　　　　以把點心的供應改為提供早餐？

老師們：怕家長會有意見。

研究者：我去評鑑幼稚園時，很多幼稚園也都
　　　　提到點心供應的困擾，常常要擔心點
　　　　心供應的時間是否適當，點心的量是
　　　　否太多，會不會影響午餐的食慾，以
　　　　及將學習活動分割成片段。現在有些
　　　　幼稚園已經用早餐取代點心，家長的
　　　　反應很好，孩子的學習活動也不會被
　　　　截斷。

王老師：學期快結束時，我們再發通知給家長，
　　　　並且作意見調查，看看家長的反應。

研究者：要分析供應點心或早餐的優、缺點，
　　　　讓家長了解。

　　　　　　　　　　　　（88/12/22 教師培訓記錄）

　　上學期的期末，老師們發出問卷，徵求家長的意見，
贊成將早上的點心改為早餐的家長占多數，所以下學期
的作息的時間重新調整如表3-1。

表 3-1 作息時間表

星期 時間	一	二	三	四	五
8:00-8:30	早餐	早餐	早餐	早餐	早餐
8:30-9:10	戶外遊戲	戶外遊戲	戶外遊戲	戶外遊戲	戶外遊戲
9:10-9:40 (1) 9:10-11:00 (2) 9:10-11:30 (3) 9:40-11:30 (4)	教學實驗： 團體討論 分組活動(3)	律動(1) 教學實驗： 團體討論 分組活動(4)	教學實驗： 團體討論 分組活動(2)	教學實驗： 團體討論 分組活動(3)	律動(1) 教學實驗： 團體討論 分組活動(4)

※（）內的數字代表活動起迄時間。

　　調整之後，學習的時間是完整的，幼兒有充裕的時間，可以各自依照自己的步調進行活動。

第二節　課程編製

　　本教學實驗是以生物領域為主題，主題是「植物的生長」與「動物的生長」。本教學的主要目的在引導幼兒觀察生物的生長情形，進而使他們能夠了解生長的概念。在實驗進行之前，研究者與教師共同討論教學的流程，預定進行的活動，再由教師根據討論的內容編寫初步的教案。

　　本實驗教學是本於師生合作建構的精神，教學主題是屬於自然領域，所以教案的編製特別考慮下列三點：㈠透過師生討論引導活動之進行。㈡提供幼兒觀察與體

驗大自然的機會。㈢充分利用學校與社區的環境資源。

教案的編製經過多次討論與不斷地修正，在教學之前大致底定。不過在實驗期間，老師仍然依照該班實際的教學情形在每週的教學研討會提出討論，並修改或調整次週即將進行的活動。所以實際進行的教學走向和最初編製的教案雖然大致相同，但是所進行的教學活動和最原來的教案並不完全一致，其中有些是教師根據對幼兒的學習情形之觀察提出問題和幼兒討論所衍生的。

第三節　情境布置

「植物的生長」的教學活動，團體討論是在教室進行。分組活動除了一開始實驗植物的生長條件時，所種植物是放置在教室前面的走廊或教室裡面外，大部分的植物都是種在戶外的種植區。因為教學活動多在戶外進行，所以教室情境並沒有特別配合主題加以布置。除了語文角所陳列的書籍與教學主題有關之外，其餘各角落的玩具並沒有刻意配合主題。

「動物的生長」的教學活動，語文角陳列與動物有關的書籍，幼兒所飼養的蠶、蝌蚪、蝸牛、小雞等動物的書籍都有，內容包括介紹動物的身體構造、成長過程、生活習性到如何飼養等。語文角靠窗的一角放了小桌子，小桌上放了兩個水族箱，作為蝌蚪的家。娃娃家改為小雞的家，飼養蝸牛的養殖箱放在益智角的矮櫃上面，養蠶的紙盒則放在教室前方，靠近黑板的小桌上，它的旁

邊即是語文角。

　　去屏東科技大學昆蟲館參觀時，獲贈六隻蟋蟀，
牠們被放在另一個飼養箱，也放在教室前方，
成天都可以聽到它們「咻～、咻～、咻～」不
停地叫。動物的生長進入第二週時，雞蛋裡的
小雞終於破殼而出，幼兒們非常興奮。當天早
上研究者走到教室門口，有幾位幼兒迫不及待
地跑來告訴我這個消息。當我進入教室觀看小
雞時，有位幼兒快樂地說：「我們的教室變成
動物園了。」

（89/5/15 觀察記錄）

　　這段敘述應可作為當時教室情境的最佳寫照。

第四節　教學過程

一、植物的生長

 了解幼兒的生物概念

　　今天是「植物的生長」進行的第一天，老師要先了
解幼兒對植物以及生命概念的認識。老師先出示一些種子。

老師：你認為種子是活的，還是死的？

幼兒：活的。

幼兒：死掉的。

老師：它是有生命的嗎？

幼兒：有啊。

幼兒：沒有。

老師：你怎麼知道它是有生命的？

幼兒：因為它是種子，種下去就先發芽。

接著老師出示一些圖片，和幼兒討論圖片中的實物是否具有生命，圖片包括：太陽、月亮、海浪、白雲、彩虹、山羊、毛毛蟲、珊瑚礁、幼鳥、蚱蜢、果實、花、森林、發芽的種子。以下是當時討論的片段：

老師：現在需要大家來分分看，活的放這邊，死的放那邊，不知道的就放這裡，海浪是……

幼兒：活的。

老師：可是剛剛有人說海浪是死的。

幼兒：海浪是因為風向的關係，地球的關係。

老師：你覺得它是活的，還是死的？

幼兒：當然是死的。

幼兒：活的。

幼兒：死的，因為它是靠風吹的。

幼兒：它會動，是活的。

幼兒：它是有風吹才會動的。

老師：爲什麼你說月亮是沒有生命的？

幼兒：因爲月亮它不會移動啊。

老師：白雲爲什麼是沒有生命的呢？

幼兒：因爲白雲靠風吹。

老師：靠風吹，所以沒有生命，這個呢？（指岩石）

幼兒：因爲這個不會動嘛，然後又是石頭。

老師：可是風會不會動？

幼兒：會啊。

老師：風會動，應該是活的啊。

幼兒：風在哪裡？這裡沒有風啊。

老師：太陽爲什麼是活的呢？

幼兒：因爲太陽會降下來。

幼兒：月亮也會降下來啊。

幼兒：因爲地球會轉動嘛。

幼兒：地球會轉動？可是太陽下山，它會溜下來，月亮是從這邊升上去，如果是早上的話，太陽會升上來。

幼兒：因爲地球的關係嘛。

老師：程說，這個（月亮）會動，這個（太陽）也會動。

幼兒：我知道了，因爲地球在轉，月亮才會動。

老師：地球在轉，月亮就會過去？

幼兒：其實太陽它又不會動。

辨識校園中的生物

　　第二天老師和幼兒去校園某個區域（這個區域幼兒很少前往），辨識那裡的生物。老師先發給每一位幼兒紅色、藍色和黃色的自黏貼紙各十張，紅色代表活的、藍色代表死的、黃色代表不確定的，請幼兒在每一張貼紙蓋上自己的名字。

　　接著，幼兒各自拿著貼紙去標示它們所見。隨後老師再去各地收集幼兒的貼紙，以了解幼兒的生物概念。

 驗證植物的生長條件

　　第一天的討論，有些幼兒認為種子是活的，有些認為是它是死的。第三天老師再提出：「如果種子是活的，我們要怎麼去證明它是活的？」幼兒回答：「種種看」。接著老師和幼兒討論到植物的生長條件，幼兒們提到水、陽光和養分，卻沒有提到空氣。老師再問幼兒：「嬰兒要長大需要什麼？」幼兒們提出很多答案，其中一位幼兒提到：「要呼吸」，老師繼續問：「呼吸需要什麼？」幼兒回答：「空氣」。老師又問：「種子要長大需不需要空氣？」幼兒回答：「要」。在討論生長條件之一的養分時，有些幼兒提到要種在泥土裡才有養分，又有幼兒提到種在沙地也會生長，最後決定分成三盆試種看看，一盆裝的是剛買來的土壤（培養土和一般土壤的混合土），另一盆裝沙土（幼兒們認為種在沙土也會成長），

還有一盆是只有棉花沒有土壤。接著師生合作去實驗種子的生長條件之一：養分。

第四天繼續實驗種子的生長條件：空氣、陽光和水。實驗陽光的條件是將綠豆和蛇瓜的種子分別種在培養土，再以大紙箱蓋住放在教室裡面。

在討論如何實驗空氣的條件時，有些幼兒提議用紙箱蓋住花盆阻隔空氣，有些提議用塑膠袋。老師提議幼兒躲進大紙箱片刻試試看是否有空氣（老師確定安全無虞），幼兒發現紙箱不能完全隔絕空氣，所以決定以塑膠袋套住花盆。

此外，又按照預定的計畫，師生一起去戶外的種植區進行鬆土的工作，鬆土之後，接著播種，總共種了七種植物，包括小白菜、大蒜、綠豆、蛇瓜、向日葵、雞冠花及波斯菊。

當天下午老師和全班幼兒一起討論如何照顧所種的植物，最後決定每三位幼兒照顧一個種植箱，三位幼兒自己決定要如何照顧。接著，每一組為所種的植物製作一個標示牌，標示牌寫上負責照顧的幼兒姓名，並且黏貼所種的種子。有些組還為標示牌畫上插圖，再請老師幫忙護貝。然後，將它插在種植箱。為了讓幼兒了解植物的生長情形，老師和幼兒討論如何進行觀察記錄。以下是當時討論的片段：

老師：要怎麼將種子現在的樣子保留下來？

幼兒：把它收起來。

老師：你們知不知道，你們還是嬰兒的時候是

　　　　　　長什麼樣子？

幼兒：知道。

老師：你們是怎麼知道的？

幼兒：看照片。

老師：我們怎麼做才能保留種子現在的樣子？

幼兒：照相。

老師：還有沒有其他方法？

幼兒：把它畫下來。

　　討論之後，老師發給每一位小朋友A4的紙張，請小朋友畫下他們所負責照顧的種子。老師請幼兒先把種子的樣子畫下來（大部分的種子已埋入土裡，不過每一個種植箱所插的標示牌都貼有種子）。畫完之後，幼兒自行蓋上號碼、日期和名字戳。

 ## 農業改良場參觀之行前討論

　　第五天進行農業改良場參觀前的討論。農業改良場離幼稚園不遠，那裡栽培了很多植物，安排這次戶外教學一方面是要充分利用社區資源，一方面是要擴展幼兒的生活經驗。老師已於日前先去農業改良場探勘，了解農改場裡的植物種類、生長情形及分布狀況。因為農改場占地遼闊，所種植物種類很多，為避免走馬看花，所以只選定數種植物準備讓幼兒仔細觀察。討論時，全班分為三組，每一組由一位老師帶領，先進行分組討論。每一組幼兒經過表決後，從老師所提供的數種植物之中

選定一種作爲次日的觀察目標。三組分別選了棗子、木瓜和毛豆。接著老師再和幼兒討論所要觀察的植物。以下是其中一組討論的片段：

老師：我們這一組決定要看棗子，你知道什麼
　　　是棗子嗎？

　信：我知道，我吃過，就是綠色的。

　秀：我也吃過耶。

老師：吃起來是什麼味道？

　然：脆脆的。

　儒：甜甜的。

老師：會不會酸？

　憲：不會。

老師：棗子，是什麼顏色？

幼兒：（齊聲）綠色～。

　信：那個皮不用剝。

老師：好，只有綠色的棗子，沒有其他的顏色嗎？

幼兒：沒有～。

老師：棗子長出來的是什麼顏色？

　憲：紅色。

老師：你看過紅色的棗子嗎？

　憲：嗯。

老師：確定了？

　信：確定。

老師：我也不知道，我也沒看過。

老師：你來比比看棗子是什麼形狀？

　　（幼兒紛紛以手比出形狀，有橢圓形～、
　　海螺形～）

老師：棗子大概有多大？

亭：這樣。（以雙手做出大小）

老師：它大概和什麼一樣大？

珊：跟我們握的石頭一樣大。

老師：還有沒有？

信：跟小石頭一樣大。

然：我們就來畫一畫呀。

老師：好啊，再問你一個超級困難的問題，棗
　　子從哪裡來？

信：從樹生出來的。

老師：從樹生出來的？

信：對。

憲：種出來的。

老師：你想想看，棗子樹應該是長什麼樣子？

信：我有看過。

憲：我也有。

老師：我們來比比看，好不好？

憲：可是還有棍子耶。

信：我們就是棍子。

老師：你猜棗子樹是長什麼樣子？

信：這樣（雙手舉高）……

憲：哇！到天上面。

老師：是這樣子的？（比高的）還是矮矮的？
　　（蹲下）

憲：沒有矮矮的。

老師：那大概多高？

信：比我還高。

亭：大概比我們還高。

老師：然的棗子樹這麼高喔！老師問你們，你
　　　覺得棗子長在棗子樹的哪裡？

信：嗯～，這裡。（指著然的鼻子）

老師：你當棗子，你也當棗子，你去想想看，
　　　假如你是棗子，你會長在什麼地方？你
　　　去長長看。好，信和儒去長長看。接下
　　　來，憲、晏、如去長長看。再來，亭、
　　　珊、秀也去長長看。好，換我也來長長
　　　看，我和然來當棗子。我們要長這裡。
　　　大部分的人都覺得棗子會長在棗子樹的
　　　樹枝上。一棵棗子樹，一次會長幾顆棗子？

儒：一百顆。

信：我知道，很多顆。

老師：好像很多很多喔，如果是一百顆的話，
　　　它要怎麼長？是一顆一顆，還是擠在一
　　　堆？還是一串串？

然：一顆一顆啦。

秀：一串一串……

信：東一顆，西一顆……，北一顆，南一顆，
　　　隨便長，這邊長一顆，這邊長一顆……

每一組討論完次日所要觀察的植物之後，老師請幼兒

想想看它可能是長得什麼樣子並將它畫出來（印象中的或想像的）。少數幼兒向老師表示他們不會畫，或者不知道明天他們那組要觀察的植物是什麼樣子，老師請他們盡量去想像，不必怕畫錯。最後，每一位幼兒都完成了那幅畫。

 ## 參觀農業改良場

當天早上，幼兒由家長直接送到農業改良場。在用完園方所準備的簡便早餐之後，先聽取農改場人員的簡報，簡報結束前該員宣布棗子區開放給幼兒免費採摘，當下選擇棗子為觀察目標的那組幼兒最為興奮。各組幼兒隨即由一位教師帶領前往觀察前一天討論過並且畫過的植物。老師請幼兒仔細觀察，並提供畫板、紙張和畫筆，請幼兒就所觀察的畫下來。

畫完之後，有些組再去參觀農改場的其他植物。但是因為農改場面積太大，所以只能作選擇性的參觀。棗子園是每一組幼兒必定前往的地方，當幼兒遠遠看到一粒一粒掛在樹上拳頭般大小翠綠的棗子，早已垂涎欲滴，幾乎是飛奔過去，進入棗子園，每位幼兒都睜大眼睛找尋最大的那粒帶回家給父母看。

 ## 澆水與觀察記錄

師生一起去戶外植物栽培區進行活動。有些幼兒去澆水，很多幼兒進行觀察記錄。每一種植物幾乎都有幾顆種子發芽了。老師提示幼兒：「只要畫它現在的樣子。」大多數也依照老師的指示，畫下當日生長的情形。

圖 3-1

我本來以為棗子樹是長這樣。

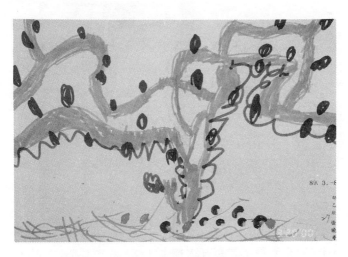

圖 3-2 我現在知道棗子樹是長這樣。

圖3-3　我的毛豆是這樣子。

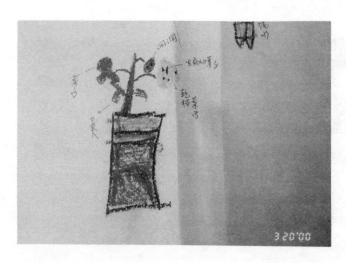

圖3-4　原來毛豆不是長在大樹上！

圖 3-5　我想木瓜樹是長這樣。

圖 3-6　現在我知道木瓜樹是長這樣。

圖 3-7 好大的木瓜喔！

 討論澆水量

　　老師注意到幼兒很喜愛澆水，很多幼兒都去澆，常常造成種植箱裡的水量過多的情況。於是，老師主動和幼兒討論如何澆水的問題。並且做了一個小小的實驗。

　　老師拿了兩個透明的玻璃罐子內裝泥土，其中一罐迅速倒入很多水（這是幼兒澆水的方式），罐子裡馬上呈現淹水的現象。另一罐則先慢慢倒入一些水，幼兒清楚看見水滲透泥土往下流，接著再慢慢倒入一些水，以這樣的方式倒水，一直到水無法繼續下流隨即停止。

　　老師再和幼兒討論，幼兒發現澆水要慢慢倒，不可以一下子就倒太多水，種植箱裡稍微出現淹水的情況時要立即停止澆水。

　　之後，師生一起到戶外植物栽培區，有些人澆水，而大部分幼兒都在觀察他們所種的植物，並且將它當天的樣子畫下來。

 ## 參觀學校植物觀賞區

　　今天老師要帶幼兒去參觀學校的植物觀賞區。每一位老師都已於前一天上去三樓的植物觀賞區看過，為避免走馬看花，各自選定一種植物，作為各組主要的觀察目標。參觀之前先進行討論，老師提問題希望幼兒在接下來的參觀能用心地去尋找問題的答案。每一組老師所選定觀察的植物都不同，幼兒參與討論的興趣也不同。以下是其中一組討論之片段：

老師：你們來猜猜看，我們要去三樓的植物觀
　　　賞區，那裡會有些什麼？

　然：當然是植物囉！

幼兒：洋蔥。

老師：還有沒有？

　信：萬年青。

　信：還有蒜頭。

　然：竹筍。

老師：還有什麼？

　信：還有地瓜。

老師：其實，樓上雖然很大，可是裡面種了什
　　　麼東西，太多了，我記不起來，等一下

我帶你們上去看，我們來找找看有沒有你們講的植物。昨天我有去喔！它有一種很特別的東西哦！它叫做「仙人掌」。

信：我有被仙人掌刺過。

老師：你有看過仙人掌嗎？

信：有，沙漠也有仙人掌。

老師：我們的幼稚園會不會有仙人掌？

幼兒：有～

信：我外婆家也有仙人掌，我有被刺過。

老師：那仙人掌身上有長刺囉？

憲：有。

老師：長幾根？

信：長很多。

老師：如果你是仙人掌，是長在什麼地方？比比看。

然：應該是長在臉。

然：老師，我有吃過仙人掌的果凍。

老師：真的嗎？你說說看你認為仙人掌長什麼樣子？

然：它就是一個長條形，上面有刺，綠色。

老師：一個長條形，身上都有刺，還有沒有人看到仙人掌長什麼樣子？剛剛你們都有舉手啊。

老師：它只有一片嗎？誰要說？

信：三個連在一起。

老師：三個哦！怎麼連？

信：像山一樣。

老師：仙人掌有葉子嗎？

幼兒：當然有。

老師：也是一片一片的嗎？

然：它比較大片。

老師：風吹過來它也是會這樣動呀動呀，飄呀
　　　飄嗎？

然：不會。

信：仙人掌沒有葉子。

老師：仙人掌沒有葉子？

信：沒有。

然：它那個長條形會動。

老師：信說仙人掌沒有葉子，然說仙人掌有葉
　　　子，只是比較大一片。

然：去看就知道了。

老師：仙人掌有沒有樹枝？

幼兒：沒有

老師：它跟棗子樹那裡不一樣？

然：它沒有樹枝……

信：也沒有樹幹。

然：它又不高，它又不是樹。

老師：你們看過的是這樣的嗎？它不高它也不
　　　是樹，也沒有樹枝，它會開花嗎？

幼兒：不會……

信：它只會開刺。

老師：它只會開刺哦？沒有花喔？它應該是什

　　　　　　麼顏色？

　　然：其實它的樹葉就是花。

老師：最後一個你想想看，我們那天看的棗子
　　　是綠色的，你猜仙人掌是什麼顏色？

幼兒：綠色的。

　　然：但它是比較深的綠。

老師：全部都是綠色嗎？

幼兒：對。

　　信：只有刺不是綠色，是白色的。

老師：白色的，信也有不同的意見，是白色的。
　　　亭，你覺得仙人掌是什麼顏色？

　　亭：綠色。

老師：如，你覺得呢？

　　如：綠色的。

老師：有沒有其他顏色？

　　儒：紅色的，它的刺是白色的。

老師：仙人掌會開花嗎？

幼兒：不會。

　　討論完畢，各組幼兒在老師的帶領下，前往三樓觀
察先前討論過的植物。

 比較植物的生長情形

　　老師將之前實驗種子是不是需要養分而分別種在培
養土、沙土、棉花的綠豆搬進教室，讓幼兒觀察並討論。

老師：誰能告訴我，它到底有多高？

幼兒：它第二高。

老師：你怎麼知道它是第二高？

　軒：像一把尺。

老師：多長的尺？

幼兒：像我們在⋯⋯

老師：好。你去拿尺來量看看，是不是一把尺
　　　這麼高？我們來看看，好，有沒有像軒
　　　說的和一把尺一樣高？

幼兒：有。

老師：有耶，可是，是每一棵都這樣，還是⋯⋯

幼兒：那邊最高的那一棵沒有。

老師：那一棵最高的？好～，你量看看。哦！
　　　果然沒有，我們來看看！真的沒有耶！
　　　它比這把尺還要⋯⋯

幼兒：高。

老師：我用什麼可以知道它到底有多高？

幼兒：一根吸管⋯⋯，一個⋯⋯

老師：我先比一下吸管和尺的高度，那一個比
　　　較高？

幼兒：吸管。

老師：軒說最高的是一根吸管這麼高，我們看
　　　是不是？有沒有一根吸管這麼高？

　軒：有。

老師：不錯耶，軒，你的眼睛怎麼這麼準。誰
　　　告訴我這個有多高？要用什麼比？

幼兒：尺。

老師：要用尺，好，來，你來比看看，比看看
　　　它到底有多高？文，你覺得這樣比較正
　　　確嗎？它從哪裡開始長？

　文：它從地上啊。

老師：所以你要從那裡開始量才對，對，你就
　　　要從那裡開始量。夠不夠？

　文：少一點點。

老師：少一點點？你要不要換吸管試試看？

　文：太高了！

老師：喔！太高！可是別棵呢？有沒有一樣高？

　文：比較高。

老師：吸管比綠豆高是不是？好，這樣表示什
　　　麼呢？文怎麼量都覺得吸管比那裡（種
　　　在沙土的）的任何一棵綠豆都還要高！
　　　剛才軒量這邊（種在培養土的），綠豆
　　　高還是吸管高？

幼兒：綠豆高。

老師：我們也來量一量種在棉花上的綠豆，好
　　　不好？

幼兒：棉花的比較矮。

老師：你怎麼知道它比較矮？

幼兒：比較矮，它只有吸管的一半。

老師：你們自己想辦法把它變一半，你怎麼把
　　　它變一半，你可以把它剪掉。

老師：頻，來，量看看。我來拿，你來量，這

樣大家才看得到，要量哪一棵？有沒有
一樣高？

幼兒：有。

老師：棉花這盆有的是半根吸管這麼高，有的
是比半根吸管還要高一點點，對不對？
我要問你喔！我看誰比較厲害，想一想，
這三盆綠豆我們是同時種下去的，對不對？

幼兒：對。

老師：對，為什麼有的長得比較高，有的長得
比較矮？

幼兒：它長得比較高，是肥料比較多呀。

老師：培養土的肥料比較多，還有誰有不一樣
的說法？

幼兒：因為它生長的時間不一樣。

老師：什麼叫做生長的時間不一樣，我們把綠
豆撒下去都是同一天，對不對？而且都
是一樣從那一袋綠豆裡拿出來的綠豆，
為什麼長出來有的高，有的矮呢？

幼兒：喝東西的時間不一樣。

老師：喝什麼東西？

幼兒：喝水。

老師：好，我來問問看時間有沒有一樣，請照
顧這三盆的小朋友站起來，我請問你們，
你們每天去澆水的時候有沒有三盆一起
澆，還是只有澆一盆？

幼兒：有。

幼兒：比較大的喝比較多，所以長得比較高。

老師：喝水喝得比較多就會長得比較大？

幼兒：對呀！還有肥料吃得比較多。

老師：種在棉花的有沒有肥料吃？沙子和培養土，那個肥料多？

幼兒：培養土。

老師：你怎麼知道培養土的比較多？

幼兒：它長得比較高啊。

幼兒：培養土的盆子比較大，裝的土比較多。

幼兒：老師……因為下面還有那個東西，然後把它墊著，培養土它比較多那個，培養土讓它長高。

老師：是因為培養土它才長高的，棉花也有長高呀！這樣子好了，我們來試試看好不好，老師找兩個一模一樣的盒子，然後一個裝培養土，一個裝棉花，都裝一樣多，土也這麼多，棉花也這麼多，然後一起種綠豆，我們來看看，這兩個哪一個會長得比較高，好不好？要不要試看看？兩盒來比賽，一樣每天都澆水，吃的東西都一樣，晒的太陽都一樣喔。

幼兒：老師，看誰在哪一組，然後來比賽誰的最高，誰最贏。

　　團體討論之後，師生一起至戶外種植區澆水和觀察記錄。以下是當時活動記錄之片段：

老師：你畫的是哪一棵？

　　　（頻指著種植箱裡的一棵）

老師：一、二、三，你畫的有多高？

　　　（老師用彩色筆量幼兒所畫的植物）

老師：跟你的彩色筆一樣高，對不對？

　　　（老師再用彩色筆去量那棵植物）

老師：咦？有沒有跟彩色筆一樣高？

　　　（頻搖頭）

老師：沒有，你把它畫得更高了，對不對？

　　　（幼兒點頭）

　　　＊　　＊　　＊　　＊　　＊

　　　（有些幼兒很愛澆水，不停澆水）

　彥：老師，庭幫我們澆過水，光還一直澆。

老師：你覺得這樣好不好？

　光：我只有澆一點點而已

　彥：他剛才一直澆。

老師：上次黃老師說怎麼澆水？

　光：我也不知道。

老師：你都沒有注意聽喔？

　光：我去洗抹布啊。

老師：洗抹布和澆水有什麼關係？

　光：我去洗的時候，我又沒有聽到，我在外
　　　面啊。

老師：我現在告訴你，上次我們討論是澆過水，

要讓水全部吃下去，才能再澆，上面還
很溼就要再等一下。

彥：他看到上面溼的，還拚命澆。

光：上面有點乾乾的。

老師：你覺得上面有點乾乾的就澆了，是不是？
你覺得現在可以了，是不是？

光：可以。

 討論澆水的方式和防蟲措施

老師發現幼兒在澆水時常常用力過猛，造成部分植
物倒在泥土裡，葉子腐爛的情形，於是和幼兒討論。以
下是當時討論的片段：

老師：我不知道你們有沒有發現一個問題？假
裝這個是我們種植物的盆子（老師拿了
一個淺水盆），誰告訴我，你用什麼澆水？

幼兒：澆水壺和水桶，還有澆水器。

老師：我要問你，你澆水的時候是怎麼澆水的？
我請一個人來示範。佩，來，你們都怎
麼澆水？

幼兒：澆在土的上面。

老師：有沒有澆到綠豆？

幼兒：有～

老師：還是從綠豆的上面澆？從哪裡澆？
（老師請幼兒拿來澆水器假裝澆水）

老師：直接從上面澆，對不對？

幼兒：對～

老師：你們也是這樣澆水的嗎？其他的人？

幼兒：是～

幼兒：不是～

幼兒：我是轉圈圈的。

老師：怡他們是這樣澆的，從上面澆的，對不對？

幼兒：（點頭）

老師：你有沒有發現，當你把水從上面澆下去
　　　的時候，你種的植物有沒有什麼情況發生？

幼兒：有～

幼兒：葉子下來～

幼兒：淹水～

幼兒：變歪了～

幼兒：倒下來了～

老師：倒下來了，好，我就是要問你這個問題，
　　　你這樣澆水，你的植物統統彎腰了，倒
　　　到泥土裡了，怎麼辦？

幼兒：用手去摳起來。

幼兒：用手去擋著。

老師：萬一摳不起來呢？

　雅：就讓它長歪的啊。

老師：但是你知道嗎？我發現，有的不是這樣
　　　就長歪了，有的就一直不起來，然後就
　　　爛在泥土裡了，丁老師也發現了。

丁老師：我昨天就發現，很多的植物都趴在泥土

上，我要把它搬起來就搬不起來了，莖好像有點斷裂了。

幼兒：太大力了。

老師：那怎麼辦？

頻：不是，它可以澆其他的地方。

老師：怎麼澆？

頻：澆它的邊邊啊。

老師：我們請頻來試試看，怎麼澆它的邊邊？才不會讓你的植物倒下來。

頻：就是有植物在那邊的話，你就澆它的旁邊。

老師：可是它旁邊都長很多啊。

頻：澆比較小的旁邊。

（丁老師將放在戶外的一盆綠豆苗，搬到黃老師前面）

老師：如果是這一盆，你會怎麼澆水？

（幼兒做出澆水的動作）

老師：你覺得這樣澆它會不會彎腰？

幼兒：會～，慢慢的。

老師：從哪裡澆它才不會彎腰？

文：澆一點點。

老師：澆一點點是不是好辦法？

幼兒：（點頭）

老師：有沒有其他的辦法？

容：（舉手）我～

老師：好，容，來。從哪裡澆水它才不會彎腰彎得很厲害？

容：從這裡的一個洞洞把它澆下去。

老師：哦！這個辦法好不好？

幼兒：好～

老師：好像也不錯喔，從這裡的一個洞洞澆下去，反正水都會到泥土裡嘛。容這個辦法好像也不錯。

老師：來看看小朋友有什麼好辦法？

靜：澆在樹葉上。

老師：它會不會又像剛才又彎腰了？

幼兒：會～

老師：還有第三個辦法嗎？

筑：蹲下來。

幼兒發現小白菜的葉子上有很多小洞，老師接著和幼兒討論為何小白菜的葉子有洞以及如何防止這個情況惡化。

老師：你去澆水的時候有沒有發現，長出來的植物，有一點小問題哩？

幼兒：被蟲咬。

老師：你的被蟲咬了嗎？

幼兒：被螞蟻咬葉子。

老師：大家來想想辦法，怎麼辦？

軒：灑毒藥進去……把蟲抓掉……

幼兒：植物就會被毒死呢。

軒：不是，就是像那些給蟲打死的那種藥。

老師：殺蟲劑嗎？

文：我知道灑什麼。灑農藥。農夫在灑的那
　　個東西。

老師：除了農藥以外，有沒有別的方法？

頻：蟲來的時候就用夾子把牠抓掉？

老師：你怎麼知道蟲什麼時候來呢？

文：對呀，就出去看一看啊。

老師：我要一直等到旁邊，等到看到蟲來就給
　　牠夾起來這樣嗎？

幼兒：要等到晚上耶。

幼兒：去觀察的時候，如果看到蟲就趕快把牠
　　抓下來。

老師：問題就出在我們去觀察的時候，它都被
　　吃掉了。

弘：如果半夜的時候蟲才來。

軒：放一粒糖果在旁邊，如果螞蟻來的時候
　　把牠打死。

老師：那蟲怎麼辦？蟲不見得愛吃糖啊。

幼兒：用樹上的樹葉給牠吃啊。

文：但牠就是不吃綠色的葉子啊，牠就愛吃
　　我們種的啊。

然：把它套一個套子。

老師：用什麼套子把它套起來？

然：用一個塑膠袋套起來。

幼兒：用塑膠袋它就沒空氣了。

幼兒：會死掉。

雅：用漁網把它網起來。

老師：爲什麼要把它網起來？

雅：蟲就比較不好跑進去。

老師：咦！你們覺得這個辦法怎麼樣？

雅：還不錯啊。

老師：你們還記不記得我們去參觀棗子園？有沒有發現棗子園有什麼特別的地方？

軒：就是搭那個網子網起來。

老師：爲什麼棗子園要網起來？

幼兒：（一群）怕蟲咬啊。

老師：你看他們爲了防止蟲咬，就想到要用網子，跟雅的方法有一點一樣。你說，怎麼樣？

頻：放假的葉子在旁邊。

文：用蓮霧的葉子給牠吃。

文：用小花給牠吃。

老師：我覺得剛才雅提的方法不錯，她的方法有一點像是我們去農改場看到的棗子園的，你來看這個網子，好不好？

（丁老師遞過來一卷白色的網子）

軒：我們上廁所，不是有放香香的那種東西，然後蟲去了就會死掉了。

老師：你說芳香劑嗎？

軒：嗯！

老師：好啊，我們都來試試看，看到底哪一個辦法有效？現在有四個辦法，一個辦法是用網子，一個辦法是做假的葉子，一

　　　　個辦法是放芳香劑，還有一個辦法是做
　　　　一隻很大的毛毛蟲在旁邊。

幼兒：對。

老師：好，你的植物有被蟲咬的那一組舉手。
　　　　你們三個人自己去商量，看看是要用哪
　　　　一種辦法？商量好之後，看決定要用哪
　　　　一種辦法？如果決定要用網子，就來找
　　　　我拿，如果要用芳香劑，就要去買，如
　　　　果要用假的毛毛蟲和葉子，你們就要想
　　　　辦法去畫，好不好？

幼兒：如果真的毛毛蟲來了，就會被小鳥吃掉。

　　之後，師生一起至戶外植物栽培區活動。有些幼兒
根據剛剛團體討論所提出的各種方法製作防蟲設施，以
遏阻小白菜被蟲繼續侵襲。有些幼兒在澆水，有些在作
觀察記錄。以下是當時活動的片段記錄：

　　容：做假的毛毛蟲，就放在這（種植箱）上面。

老師：你們要用什麼做？

　　容：紙。

　　齊：黏土。

老師：到底要用什麼？

　　齊：黏土。

　　容：黏土比較重耶。

老師：黏土比較重放在這裡嗎？等一下你們自
　　　　己想想看放在那裡比較好。

＊　＊　＊　＊

（齊那組用黏土做了幾隻假毛毛蟲，正
要插到小白菜的種植箱）

老師：你看看要放在哪裡，才能嚇走那些蟲。

＊　＊　＊　＊　＊

（頻畫了一隻小鳥，正要插到他們的蛇
瓜種植箱）

老師：頻，為什麼要做小鳥插在這裡？

　頻：要去吃牠。

老師：喔！蟲會以為小鳥要去吃牠，牠就不敢
　　　來了。

（頻又插了另外一隻）

老師：萬一下雨怎麼辦？你看我們這個。

（先前插的小主人標示牌被水淋過已有
點模糊）

　頻：要用這個。（指著護貝的膠套）

老師：要用這個封起來嗎？好，我們去拿。

＊　＊　＊　＊　＊

（齊那組在將假的毛毛蟲放進種植箱）

老師：要用放的，不用插的了嗎？

　齊：不用，最小那隻用插的。

容：老師那裡寫什麼？

老師：寫「幼稚園栽培區」，我們這裡都在種
　　　東西啊！

 ## 成長的喜悅

這天沒有進行團體討論，師生一起直接到戶外植物
栽培區活動。以下是活動的片段記錄。

老師：你們的毛毛蟲有沒有效？

齊：沒效了。

老師：怎麼知道沒效了？

齊：你看。

老師：怎麼了？

齊：沒效果，本來沒有被吃那麼多。

老師：本來沒有被吃那麼多哦？今天咧？

齊：被吃這麼多。

老師：怎麼辦？

幼兒：老師，什麼啊？

老師：他們的蟲。

幼兒：用網子。

老師：現在決定要用網子嗎？其他兩個人咧？

齊：他們說好啊。

老師：在哪裡啊？

齊：我早就跟他們說用網子，他們……

老師：他們就不要？

齊：他們說就用毛毛蟲。

老師：你們現在第二個方法是要用網子嗎？是不
是？好啊！那你要跟他們兩個講啊？他們
兩個去哪裡了？Hello！你看你們的菜，你
們那天不是說要用毛毛蟲？怎麼沒做啊？

齊：我早就跟你說要用那個網子，你還不要。

老師：現在怎麼辦？蓉，要用第二種方法了。

蓉：嗯。

老師：用什麼？

蓉：網子。

頻：老師，你看我們的都沒有被吃掉。

老師：你們的沒有被吃掉是什麼原因？

老師：因為放鳥所以沒有被吃掉嗎？

頻：因為牠會怕鳥。

老師：齊，你們的會不會怕鳥？要用網子還是
用鳥？

頻：鳥很有效！你看。

老師：真的嗎？

幼兒：老師，頻那一組都沒有洞。

老師：他們那一組完全沒有洞，為什麼？

真：因為小鳥。

老師：因為小鳥在那裡？

真：對。

老師：那你要不要試試看？

真：好。

圖3-8　你看！我們把小鳥插在這裡，毛毛蟲就不敢來偷吃了。

　　　　（華獨自專注的畫著）

老師：你在畫哪裡？

　華：這一盆。

老師：你們種的是什麼？

　華：瓜子花。

老師：長高了沒有？

　　　　（華點頭）

老師：長多高？

　　　　（華將彩色筆貼放在紙上，再用另一枝
　　　　點出所畫的植物高度）

老師：這樣比喔！你現在是畫那一棵？

　華：這一棵。

老師：那一棵喔？你用彩色筆來量，你好聰明

喔！繼續畫吧。葉子什麼樣子？有幾片？
怎麼長？要看清楚喔。

（華繼續用一枝彩色筆量，量好之後，
將彩色筆貼在紙上，用另一枝彩色筆畫
出高度）

*　*　*　*

珊：看哦。（將尺豎立在土上，蒜頭旁）

信：一樣啊！（將另一把尺放在蒜頭的另一邊）

信：向日葵。（指著旁邊的一株植物）

珊：放這裡啊。（拿起尺）這個好高喔！

珊：（將尺放到信的尺上）這樣連起來能不
　　能啊？

信：一把尺還不能耶。

　　（信和珊一起看加起來的高度）

珊：十九了。

信：看！是十五～十六～十七～

珊：哇！蒜頭好高了喔！

信：十八～十九～二十，哇！二十了耶！到
　　二十了耶！哇塞！

珊：蒜頭到二十了耶！哇塞！

老師：我們的綠豆也很高了喔！我們的綠豆也
　　可以量一量了喔。

幼兒：該我了啦。（拿起尺）

信：這次才可以量到二十，你知道……，這

樣子，哇！多高的蒜頭啊！蒜頭寶貝呀！
（開始畫下蒜頭的長度。）蒜頭最高了，
這是最高的蒜頭，這是全世界最高的蒜
頭，唉呦！你看！

　　因為之前種了很多綠豆，幼兒一直期待綠豆苗開花
結果，老師因此選讀《綠豆村》一書，並和幼兒討論。

圖 3-9　量量看今天的綠豆有多高。

圖 3-10　我們的雞冠花已經發芽了！

圖 3-11　我們的大蒜又長高了！

師範學院參觀之行前討論

　　雅一早到園，即告訴老師，昨晚媽媽告訴她怎麼辨認龍葵。雅迅速吃完早餐，等著老師帶他們去戶外遊戲場。到了戶外遊戲場，雅並不去玩遊戲器材。她和幾位好友在遊戲區周圍的草地、樹叢到處尋找。後來果真找到了幾株龍葵。找到之後，他們很興奮地去告訴丁老師。丁老師對植物頗有研究，立即前往確認證實無誤。

　　團體討論時，老師拿著一株龍葵：

老師：你知道這是什麼名字嗎？

幼兒：（一群）黑笛仔（台語）。

幼兒：我們兩個一起發現的。

老師：黑笛仔是台語，對不對？

老師：國語叫什麼？

幼兒：紅豆（台語）

　　　（小朋友此起彼落地叫紅豆）

老師：這是一種野菜！我們也常常吃，雅剛剛
　　　拿進來說她要吃，請我們趕快幫她煮一
　　　煮，我說，我幫你燙一燙，就可以吃了。
　　　她說明天我們要去的地方有很多，她要
　　　去摘，要帶這株去。明天我們要去哪裡？

幼兒：東校區。

老師：雅，等一下角落時間，你和文一起去查
　　　書。我們有兩本書，裡面有大部分的台

灣野花。

　　之後，師生一起至戶外植物栽培區活動。以下是當時活動之片段記錄：

　　齊：這裡還有一隻。
　老師：齊，昨天怎樣？
　幼兒：喔！好多洞喔！
　　齊：昨天沒有被吃這麼多。
　老師：那怎麼辦？
　　齊：用網子。
　老師：等一下就進來用網子吧！

　　　　＊　　＊　　＊　　＊　　＊

　　　　（宇正用彩色筆在量蛇瓜苗）
　老師：宇，你現在在量什麼？
　　宇：量幾高啊。
　老師：量有多高，是不是？
　　宇：嗯！
　老師：你量了那麼多棵，結果呢？每一棵都一
　　　　樣高嗎？
　　宇：沒有。
　老師：怎麼沒有？
　幼兒：這一棵這樣。

老師：然後呢？誰比較高？

宇：這一棵。

老師：你要不要開始畫了，把你量的畫出來喔。

＊　　＊　　＊　　＊　　＊

老師：這一組的小鳥有效（蛇瓜組），你們的
　　　用小鳥為什麼沒有效（小白菜組）？

齊：怎麼知道？

眞：因為這邊哪。

老師：那邊怎麼樣？

眞：那邊白色的。

老師：那它這邊咧？也是白色的啊。

齊：不然用這樣。

　　　（把假小鳥移到箱子的另一邊和蛇瓜組
　　　插的位置一樣）

老師：喔！學他這樣？這樣就會有效嗎？

　　　（齊未答）

老師：要不要用網子？

齊：好。

　　　（有些幼兒在澆水，有些邊觀察邊討論，
　　　有些則專心作記錄）

　　　（老師和齊、軒用白色網子將小白菜蓋
　　　起來，蓋好之後，再用膠布將網子的邊
　　　緣黏在種植箱）

前往師範學院東校區觀察植物

　　師院東校區種了很多珍貴的植物，距離幼稚園又很近。不過在教案討論時，有些老師質疑這個活動的必要性，理由是師院校園種的都是大樹，和這個教學活動所種的草本植物不同。研究者建議保留此活動，到時候視活動實施情況，再決定是否進行。兩週之前的農改場參觀，老師們發現幼兒很喜愛到戶外觀察，所以決定進行是項觀察活動。

　　參觀當天，全班又分成三組由三位老師各自帶領一組去觀察，老師帶領幼兒觀察一些葉片、樹皮和果實比較奇特的樹木，並且撿拾掉落的樹葉、果實和花朵。此時校園裡桃花心木的種子掉落滿地，有位幼兒告訴老師那個東西往上丟會旋轉，老師立即拾起一個往上丟，當它掉下來的時候，不停地旋轉，狀似蝴蝶飛舞。幼兒見狀，也紛紛去撿拾地上的種子往上拋，形成眾多蝴蝶飛舞的美景。後來，又看到掉落在地上的椰子葉，老師請幾位幼兒坐上去，並且請幾位幼兒來幫忙拉，坐在椰子葉上的幼兒很高興，其他幼兒也吵著要坐，老師拉了幾次，幼兒意猶未盡，但已到了放學的時間（星期三都是早上十一點離園），只得停止。

圖 3-12　蓋網子毛毛蟲就吃不到小白菜了！

圖 3-13　好好玩喔！我也要坐坐看！

圖 3-14　哇！這棵樹的果實好大！

分享昨日參觀所見

老師：我們昨天去師範學院，你看到了什麼？

幼兒：水。

老師：水，還有沒有？

幼兒：樹，還有涼亭。

老師：好，音。

　音：橋。

　安：葉子。

　樹：草。

　雯：瀑布。

老師：有瀑布嗎？

幼兒：有，很小的瀑布。

　憲：噴水池。

　璿：石頭。

幼兒：紅磚路。

　信：蜈蚣。

老師：你看到蜈蚣了嗎？

　信：有，在走路的時候有看到。

　　　（幼兒七嘴八舌）

老師：剛剛老師這個盒子裡面的東西，有這麼
　　　多，各式各樣、奇奇怪怪的東西，還有
　　　這個耶，我請儒來摸一下。

　儒：啊！好像骨頭。

　音：好像薯條哦！

　　　　（老師又拿出幾樣昨天撿回來的東西，
　　　　讓幼兒摸）

老師：我把它放在這裡，你有空的時候，可以
　　　來摸摸看。

之後，師生又到戶外植物栽培區活動。以下是當時
活動的片段：

　筑：這是新長出來的，又變高了。

老師：比較高了，是不是？我要知道它有多高？

筑、如：再量上去。

老師：你怎麼知道剛才量到那裡？

　如：就這樣量啊，就到這裡啊。

　　　　（筑將彩色筆立在波斯菊旁，以一隻手
　　　　掌比著彩色筆頂端與波斯菊同高的位置，
　　　　再以手掌的位置爲起點將彩色筆往上移），
　　　　然後再量上去。

　筑：這棵長得好慢喔！

老師：爲什麼？你怎麼知道它長得很慢？

　筑：別棵已經長四片了，可是它還沒有，它
　　　只有兩片，而且它下面沒長。

老師：下面喔？這是剛長出來的嗎？第一次長
　　　出來就是這樣嗎？它以後會不會變成這樣？

　筑：會。

　如：它先第一層，過來第二層，過來第三層。
　　　還要再長成第三層。

筑：這是它以前的芽長成的。

 戶外活動

今天沒有進行團體討論直接到戶外植物栽培區活動。
以下是當時活動片段記錄：

鈞：這棵也很大，我量就是這樣（幼兒將三
　　枝彩色筆連接去量蒜頭），這棵比較高
　　一點點。

老師：它比較高？

鈞：昨天不一樣，昨天這個（蒜頭苗）比較矮。

老師：這樣長高了多少？昨天到哪裡？

鈞：到這裡（比出在三枝彩色筆的高度）

老師：真的嗎？你等一下記錄完，跟你前一次
　　　的記錄比，看看長高了多少？

　　　＊　　＊　　＊　　＊　　＊

瑜：這裡有一隻毛毛蟲。

幼兒：哪裡？

瑜：這裡。

幼兒：喔！拜託喔，My God！

老師：這種毛毛蟲，長大以後會變什麼？

幼兒：（齊聲）蝴蝶。

老師：確定嗎？

幼兒：這裡還有一隻。

　瑜：怎麼那麼多隻啊？

老師：全部都是，我們要不要來試試看，讓牠
　　　在這裡長大？

　瑜：不要，這樣牠會愈吃愈多。

幼兒：這裡又一隻。

老師：我問你們要不要蓋網子，你們都說不要，
　　　要不要做什麼，你們都說不用。

幼兒：老師，毛毛蟲。

　瑜：帶回去養。

老師：你怎麼養，瑜？

幼兒：這裡有一隻蠶，這就是蠶寶寶喔。

老師：那是蠶寶寶嗎？

幼兒：老師，這裡有一隻蟲。

 戶外活動

　到戶外種植區澆水、抓蟲與觀察記錄，已經成為幼
兒的最愛。以下是當時活動的記錄片段：

　　　　（頻一邊仔細的看著蛇瓜，一邊畫著，
　　　　又用彩色筆量蛇瓜高度）

老師：你畫的是哪一棵？

　頻：不夠高了，就用兩枝啊（兩枝彩色筆去量）。

　　　　（宇拿一枝彩色筆去量頻指的那棵蛇瓜）

　宇：不夠高。

老師：怎麼樣？

　宇：要用別的啊。

老師：什麼叫用別的。

　宇：再換別的啊。

老師：可是你只有帶一枝筆來啊。

　宇：不是，換別的這個（指著蛇瓜苗）

老師：換別株蛇瓜，是不是？

　　　（宇找最矮的一株，但是也比彩色筆高）

老師：我看這些都比彩色筆高。

　　　（璋遞過來由三枝彩色筆接起來的一長枝）

老師：璋，要借他嗎？

　　　（宇接過筆量）

老師：夠不夠？

　宇：一樣高。

　　　（將筆還給璋）

老師：你要怎麼畫在你的紙上面？

　宇：畫長的。

老師：你要不要借他的彩色筆？

＊　　＊　　＊　　＊　　＊

　頻：這邊卷卷的耶。（指蛇瓜苗的鬚）

　頻：老師，我用這樣量呢？（只用一枝彩色筆）

老師：你怎麼量？

　頻：分兩段啊。

老師：你怎麼知道到那裡要另外一段？

頻：就是先弄好，把它塞住（以手指頂住量
　　到的最高點，再從此點量起）

老師：手放在那裡是不是？

老師：你畫的時候怎麼量？

頻：先量啊。

老師：你就先這樣量，到這邊，再換另外一個
　　是不是？

頻：嗯！

 移植蛇瓜

蛇瓜長得太密，需要移植，此外蛇瓜的藤蔓需要有
支撐物，老師和幼兒討論移植的必要性以及是否需要插
竹竿供藤蔓攀附。老師將種在種植箱的蛇瓜，搬到教室
以便討論。

老師：有沒有看到它卷卷的？

幼兒：有。

容：老師，這個好像我們家有種。

老師：一樣的嗎？你再仔細看看跟我們種的有
　　沒有一樣？

老師：我要問你們一件事喔，這一盆土跟那一
　　個小花園比起來，哪一個大？

幼兒：小花園。

老師：我要請問你，如果有一個地方讓你去住，
　　你喜歡住大的地方，還是小的地方？

幼兒：（齊聲）大大的地方。

老師：爲什麼？

雅：因爲可以跑來跑去，太小會擠來擠去啊。

老師：你覺得需不需要把它搬到大的地方？

雅：不可以拔起來，因爲拔起來它下面的根
就斷掉就死掉了。

老師：爲什麼要拔起來？

雅：拔起來換種那邊啊。

老師：我們先來解決這個問題，你們覺得它去
比較大的地方會比較舒服，對不對？

幼兒：對。

老師：除了比較舒服以外呢？

雅：比較不會擠，不會纏來纏去

幼兒：才可以種得很多。

老師：我們也是覺得把它換到比較大的地方它
會比較舒服，不然好像有的……

幼兒：都被折到了。

幼兒：而且會打結。

老師：對呀，會打結。容，你說，該怎麼分？

容：就是先挖到種子的地方……

老師：你的意思是，從這裡往下挖，挖到種子
的地方，把它拿起來，放到比較大的地方。

容：對。

雅：這樣它的根才不會斷。

老師：你們都知道了嗎？你們覺得雅跟容的方
法，好不好？

幼兒：好。

老師：她的意思是說你們不可以把它直接拔起來，因為它的下面有根。

雅：要用鏟子挖很深很深，再把它拿起來。

老師：所以雅說要用鏟子挖很深很深，再把它拿起來，包括泥土一起拿起來嗎？還是只要拔那一根起來就好了？

如：包括土。

老師：為什麼要包括土？

雅：因為有些土是黏在根上面的啊。

如：對呀，就不要把它拔下來。

老師：不要把它拿下來，它會受傷？要不要試試看？

幼兒：要。

如：我爸爸在種花的時候，也是有土黏在上面，都不要弄下來……

老師：聽見了沒有，如的爸爸幫花搬家的時候，就算根上面有一些泥土，他也不會把它剝下，因為如果把它剝下來，怕根也會跟著泥土、石頭剝下來，它就會受傷，所以我們等一下要幫它搬家要連著泥土一起搬。現在還有第二個問題，它都會倒下來，怎麼辦？

雅：那個盆子歪了，它長太長了。

老師：它長太長了？

雅：對，太長了，碰到盆子就歪了。

老師：因為太長的關係嗎？

幼兒：我知道，盆子不夠大。

　雅：如果種在平常的泥土就不會這樣了。

老師：種在平常泥土它就不會倒下來嗎？

　雅：因為盆子有彎彎的，它一靠到就歪下來了。

老師：因為它靠到彎彎的地方，它就跟著彎。

　雅：對。

老師：我如果拿直直的東西讓它靠呢？它會不會就直直的長？

　雅：它就一直爬一直爬上去。

　光：它會一直長，長到上面還不是會倒下來。

　如：要用長一點的棍子。

老師：如說，為什麼它會倒下去，因為它已經長得太長了，所以它會垂下來。

幼兒：對。

　雅：因為太長了，根又太軟了。

老師：你說的是這個莖嗎？這個莖太軟，所以它才會倒下來。

　雅：對，如果很硬就不會倒了，像我們那個蔬菜是硬的就不會倒。

老師：所以我們要想辦法讓它不要這樣倒。

　文：就用一根竹竿把它撐著。

老師：你們覺得他們的辦法好不好？

　軒：不好。

老師：不好？你說說看還有什麼辦法？

　軒：像我媽媽，如果一棵樹垂下來的話，就

用一條繩子把它綁住，不會讓它垂下來。

老師：直接用繩子綁嗎？還是……

文：它太可憐啦！

幼兒：這樣它會死掉。

（幼兒七嘴八舌）

軒：就用一枝筷子把它插在那邊嘛。然後就
用一根繩子給它綁著。

幼兒：不需要綁。

（幼兒七嘴八舌）

（丁老師遞給黃老師一根細棍子）

老師：剛才他們說，它會倒，要想辦法讓它不
倒，所以就放一枝竹竿在旁邊讓它靠著
（老師將棍子插在一棵蛇瓜旁），它就
會往上長，對不對？可是你有沒有想過，
像軒說，它可能風一吹就倒下來，所以
還要用繩子把它綁起來（老師邊說邊綁）。
軒，輕輕地綁就好嗎？要不要很用力？

軒：不要，只要它不掉下來就可以。

老師：你們覺得這樣如何？

幼兒：（一群）好。

雅：不好。

幼兒：它真的站起來了耶！

老師：它真的站起來了哦！這個辦法顯然很好，
我們就用這個辦法，好不好？

幼兒：好。

幼兒：澆水的時候，繩子會鬆掉啊。

老師：澆水時你覺得從哪裡澆，它才不會鬆掉呢？

雅：從下面澆。

老師：從這裡澆就可以了？

幼兒：對呀。

光：那上面的就沒有喝到水了呀。

老師：你覺得上面沒有澆水，它們就喝不到水嗎？

幼兒：沒有，它們是從下面吸的。

　　之後，老師和幾位幼兒一起移植蛇瓜，並且插上竹竿供蛇瓜的藤蔓攀附，其他幼兒進行澆水與觀察記錄。

 再度討論植物的生長與養分的關係

老師：你們記得我們上次做的實驗嗎？就是用
　　　一樣多的培養土和棉花種綠豆呀，看誰
　　　長得好，還是一樣好？現在你看它們兩
　　　個有什麼不一樣？

筑：培養土的比較高。

雋：培養土的葉子比較多。

老師：還有嗎？

靜：還有培養土的莖長得比較長，棉花的長
　　得比較短。

軒：培養土的有開花了，那裡。（手指著分
　　枝的地方有小新芽）

老師：有嗎？再看清楚。

幼兒：沒有啦，是它的枝啦。

老師：好，你看清楚了嗎？就算棉花和培養土
　　　一樣多，種出來的也不一樣，是嗎？

幼兒：對呀。

老師：可是上次你們不是說只要一樣多的培養
　　　土和棉花種出來就會一樣了嗎？

幼兒：（大家搖頭）不是啊！

老師：為什麼不是？

幼兒：因為培養土的養分比較多，所以長得比
　　　較好。

　文：植物適合在土裡生長，因為土裡的養分
　　　多，棉花的養分少，所以種在土裡的長
　　　得比較好。

老師：OK。那你們的意思是土裡有養分，它的
　　　營養多，而棉花的養分少，所以泥土的
　　　長得比較好。你們的意思是這樣嗎？

幼兒：對。

　雅：棉花換成土，就會長得好了。

二、動物的生長

 了解幼兒的動物概念

老師：我要讓你們看一點圖片，你要用你的金
　　　頭腦告訴你的手，如果這張圖片是動物，
　　　你就「咚咚！」（雙手高舉打圈，代表

正確的意思）

幼兒：答對了。

老師：就是打圈。

幼兒：我們就是動物啊。

老師：你怎麼知道我們就是動物？

軒：因為我屬雞啊。

老師：你是動物是因為你屬雞嗎？

幼兒：不是……

幼兒：我們是哺乳類動物。

老師：所謂哺乳類動物是什麼？

幼兒：我們是動物。

（幼兒七嘴八舌，一陣討論）

文：應該是會動的就叫做動物。

老師：會動的就叫做動物。等一下老師要把這些寫起來。但是，現在我要讓你們先看圖片，我拿起來的圖片是動物，你就「咚咚」（雙手打圈）如果我拿起來的圖片不是動物，你就「嗯～」（雙手在胸前打叉）懂不懂？好了沒？

幼兒：好了。

老師：第一張，「叮咚！」（亮出來）你有沒有看到？

幼兒：飛機。

老師：一、二、三，你告訴我是不是動物？好，一、二、三！

幼兒：（不知道做什麼反應）

老師：好！我們來做一點聲音，對的就「咚咚」，
　　　錯的就「叭叭！」

幼兒：金魚。

老師：確定？（翻開圖片）

幼兒：咚咚！

幼兒：太陽。

幼兒：叭叭！

老師：太陽是不是動物？

幼兒：不是。

老師：可是上次你們說它是活的。

幼兒：它是活的，它會動，但是它又不是動物。

老師：但是剛剛文說會動的就是動物啊。

幼兒：可是它也會動啊。（指著飛機的圖片）

老師：飛機也會動，但是飛機是不是動物？

幼兒：有生命的就是動物。

老師：有生命的就是動物？可是太陽有沒有生命？

幼兒：沒有。

老師：有沒有生命？

幼兒：有～

老師：有～太陽有人說有，有人說沒有（生
　　　命），太陽到底是不是動物呢？

幼兒：（齊聲）不是。

老師：爲什麼它會動又不是動物？

幼兒：因爲它會繞著地球一直旋轉。
　　　（一片討論聲）

幼兒：爸爸。

老師：哇！爸爸到底是不是動物呢？

幼兒：咚咚……叭叭……

老師：好，不要動。

（記錄哪些人說不是動物——瑜、弘、
媛、宇）

老師：爸爸不是動物，爲什麼？

幼兒：人類就是動物。

幼兒：是哺乳類動物。

老師：人類就是動物，這個我們等一下再來討
論。還有更好玩的哦，再來！

（下一張）

幼兒：蘋果！叭叭！

老師：叭叭！蘋果是叭叭的，請舉手。（全部）
好！

幼兒：時鐘。

幼兒：叭叭！

老師：再來（拿起母雞的圖片）

老師：好，全部的人都這樣（打圈），是不是？
有沒有人是這樣的（打叉），沒有，OK，
再來……

幼兒：蝸牛。

老師：這個呢？

幼兒：咚咚！

老師：好！（拿下一張）

幼兒：貝殼。咚咚！

幼兒：路螺啦。（台語）

幼兒：那也是一種生物啊。

老師：雅，爲什麼牠是動物？

　雅：因爲沒有牠就沒有貝殼可以吃啊。

老師：沒有牠就沒有貝殼可以吃？可以吃的就
　　　是動物嗎？

　　　（雅點頭）

幼兒：有的動物可以保護自己啊。

老師：佩，你爲什麼說不是動物？

幼兒：它是被海水沖上來的啊。

幼兒：那是因爲牠的肉在裡面，很多人就以爲
　　　牠不是動物，都沒有看到牠出來的樣子。

老師：到底是動物，還是不是動物？

幼兒：是。

老師：文的意思是說牠爲了要保護自己就躲到
　　　殼裡面，結果牠的肉就躲進去了，人家
　　　沒有看到牠的肉就以爲牠不是動物，所
　　　以文說，牠是動物，對不對？

　文：有可能牠是寄居蟹啊。

老師：最後再兩個。

　　　（拿出下一張）

幼兒：蚊子。

幼兒：這個會叮人的。

幼兒：咚咚！

老師：說不是動物的有驊、眞、如……

幼兒：牠不行吃。

老師：牠不能吃就不是動物？

幼兒：可是牠有生命啊。

老師：我請問眞，爲什麼牠不是動物？

幼兒：因爲牠會吸人家的血。

老師：牠會吸人類的血就不是動物，不會吸血
　　　的才是動物？

　　　（下一張）

幼兒：弟弟。

老師：小朋友看是不是動物喔？

　　　（筑、彥、媛、華說不是動物）

老師：小 baby 是不是動物？

幼兒：是。

老師：爲什麼小 baby 是，爸爸不是？

　　　（幼兒七嘴八舌，一片討論）

老師：什麼是動物？剛剛文說會動的叫做動物。
　　　有生命的叫做動物。還有沒有人告訴我
　　　爲什麼牠叫動物？動物有什麼樣特徵？

　軒：因爲人都吃牠們自己的飯，動物也吃牠
　　　們自己的飯，像雞和蝸牛牠們吃的飯就
　　　不一樣。

幼兒：吃不一樣的東西。

老師：還有沒有人會告訴我，爲什麼牠叫做動物？

幼兒：會跳。

幼兒：會生蛋。

老師：會生蛋就叫動物，還有沒有？像牛、牛
　　　會生……（等小朋友回答）

幼兒：牛蛋。

老師：牛蛋？牛是生牛蛋？（笑）

幼兒：會生小牛。

幼兒：會生蛋的是動物，人不會生蛋，是生嬰兒。

幼兒：只有雞跟鴨才會這樣。

老師：人是不是動物？

幼兒：是。

老師：還有沒有？

幼兒：只要有長眼睛。

幼兒：太陽也有眼睛。

幼兒：太陽的眼睛是人畫上去的，真的太陽是沒有眼睛的。

幼兒：不會說話的是動物。

老師：所謂的話是什麼？

幼兒：蝸牛不會說真正的話。

老師：小鳥說的話是不是真正的話？

幼兒：不是。

老師：不會說真正的話的，是動物。

幼兒：吱吱叫的不是真正的話。

老師：好，動物有這麼多的特徵，動物會動、動物有生命、會跳、會吃東西、會生小baby、會叫。動物會長大嗎？

幼兒：會。

幼兒：你只要一直餵牠吃東西，牠就會長大。

幼兒：還要睡覺啊！

幼兒：睡覺會長高。

幼兒：植物也一樣，我們幫植物澆水，它也會

慢慢長大。

老師：跟我們上次種種子一樣，對不對？只要
　　　澆水嗎？

幼兒：還有曬太陽。

幼兒：曬太陽、空氣。

之後，進行選組。老師在黑板上貼了四張白紙條，每一張紙條的上端都貼了一種動物圖案，分別是蠶、蝌蚪、蝸牛、小雞。幼兒紛紛說出這四種動物名稱。老師請幼兒自由選擇其中一種動物，將來由他們負責照顧所選的動物，每一種動物有人數限制。然後由幼兒自行前往黑板上的紙條上寫下自己的號碼或名字，不會寫的則以橡皮圖章蓋上名字。

最後，由一位老師帶蝸牛組的幼兒去校園裡的植物觀賞區抓蝸牛，其他組的幼兒則進行角落活動。

 是否所有的雞蛋都能孵出小雞？

教室左邊的小黑板上仍然貼著昨天分組的名條，老師站在小黑板前，左手拿著一個白色的小紙盤，右手拿了一粒白色的雞蛋，雞蛋放在紙盤上。老師和幼兒討論那粒雞蛋是否能孵出小雞。

老師：剛剛小朋友問我說：「老師！我們的雞
　　　蛋都沒有動的感覺。」我很用力地摸……

幼兒：破掉了。

幼兒：有感覺……

老師：這顆蛋是老師請阿姨去幫我們買的，昨天晚上從冰箱裡拿出來。這顆蛋是從冰箱裡拿出來的蛋。

幼兒：它會冷死……

老師：它已經拿出來很久了，它已經不冰了。我問你，從冰箱拿出來的蛋，你認為它有沒有小雞？

幼兒：沒有。

老師：有沒有？

　庭：會冰死，小雞在裡面會冰死。

老師：小雞在裡面已經冰死了喔？有些人說有，有些人說沒有，我聽得不是很清楚，認為從冰箱裡面拿出的蛋裡面沒有小雞的，請舉手。一、二、三、……、十九、二十，二十個。你認為這裡面有小雞的請舉手。一、二、三、……、六，六個。我要請問那些說蛋裡面沒有小雞的小朋友，為什麼它裡面沒有小雞？

　光：因為從冰箱裡冰出來已經凍死了。

老師：喔！從冰箱裡面冰出來已經凍死了。

　軒：不可能，那個只有一個很小的洞而已，那個哪可能把它凍死，它很薄，不會怎麼樣。

老師：這個已經冰過了，就沒有小雞了嗎？

幼兒：（部分）有～

幼兒：（部分）沒有～

幼兒：我們還不知道，你打開就知道了。

老師：你認爲這樣打開就知道了嗎？

幼兒：還有小雞啊！

老師：打開來就有小雞了嗎？

筑：打開來小雞就死掉了嘛。

老師：小雞要怎樣才會孵出來，牠是怎樣出來的？

光：我知道，太熱它就會裂開。

老師：殼會裂開？殼自己會裂開，是不是？

文：不是，要雞去孵才會裂開。要熱熱的才
　　會裂開。

幼兒：跟寶寶一樣，牠自己先踢一踢，然後殼
　　就會自己裂開。

筑：要過好多個月，它就會自己分開。

老師：要過好多個月，它就會自己分開，那這
　　個很多個月，要不要有誰幫它？

幼兒：有。

老師：是放著好多個月，它就會自己孵出來？

幼兒：不是，雞媽媽要坐在上面。

幼兒：它就會熱熱的，越來越熱，它就會蹦開來。

　　接著，老師告訴幼兒每一組又要分成幾個小組，請
每位幼兒先考慮好想和誰一組。蠶寶寶組、蝌蚪組、蝸
牛組都再分爲二小組，小雞組再分爲三小組。老師又拿
出一疊粉彩紙，請幼兒利用分組活動時間，設計小組標
示牌並寫上組員名字。最後分配每一組的位置，小雞組

在娃娃家、蝌蚪組在語文角、蝸牛組在益智角、蠶寶寶組在教室前方的置物櫃上。各組拿了粉彩紙後隨即開始進行分組活動。

 分組活動

1. 蠶寶寶組

幼兒先去拿了彩色筆設計標示牌，標示牌設計完後再開始整頓蠶寶寶的住處。在本主題進行之前，老師已經買了蠶飼養，但是後來所有的蠶都離奇失蹤（可能是被螞蟻搬走）。這次重新養蠶，老師特別叮嚀幼兒防範螞蟻的侵襲。所以蠶寶寶（蟻蠶）的家，必須考慮到不會被螞蟻入侵。師生合作將淺水盆裝水，水盆中央放一個塑膠杯，再將養蠶的紙盒放在塑膠杯的上面。

安、庭二人又去拿彩色筆和記錄紙自動進行觀察記錄。

2. 蝌蚪組

老師和幼兒一起將水族箱加水，放了幾顆石頭和浮萍。

在布置好蝌蚪的住處之後，大多數幼兒都去拿記錄紙和彩色筆作觀察記錄。

3. 蝸牛組

老師先請該組幼兒再分為二小組，筑、瑜、仲三人一組，靜、媛、光三人一組。老師問幼兒要如何布置蝸牛的家，又拿來一些書籍供幼兒參考。筑翻到一張畫著蝸牛住處的圖片，將書上的的內容讀給其他幼兒聽，他們參考書上的作法。筑、瑜、仲將飼養箱裝了泥土，筑用尺量泥土的厚度，量完又去戶外找樹枝。光、靜、媛

將飼養箱裡的蝸牛抓出，放到小盒子。筑、仲、瑜將樹枝插到飼養箱中的泥土。

之後，筑主動拿了彩色筆在紙上畫了蝸牛，並寫上該組組員的名字，然後將它貼在他們的蝸牛飼養箱外面。

接著，老師又和幼兒一起閱讀有關蝸牛的書籍。

4. 小雞組

老師先將幼兒分成三小組，然後詢問幼兒是否有養雞的經驗，再請幼兒分享養雞經驗。老師拿出一個紙箱問幼兒要怎麼布置，才適合孵小雞。再發給每一組粉彩紙，請他們製作標示牌，並在其上寫下組員的名字。

之後，老師再和該組幼兒討論是否所有的雞蛋都能孵出小雞。

老師：這裡面有一隻有翅膀的小雞囉？（老師
　　　手上拿一顆雞蛋準備將蛋打開。）

幼兒：有～，對。

　軒：唉喲！沒有了啦。

老師：你怎麼知道沒有了？

幼兒：因為看到了。

老師：你要仔細看啊。（老師將蛋打開盛在碗裡）

幼兒：嘻！沒有了啦。

老師：會不會躲在那裡面（指蛋黃）？

幼兒：攪一攪啊。

老師：好！我用手攪一攪好了。（老師用手指
　　　將蛋黃攪開）

　軒：沒有。

幼兒：再一顆試試看。

幼兒：都一樣的啦。

老師：都一樣的，都是從超市買回來的。

幼兒：要讓牠自己孵啦。

老師：這個是我敲破的，所以沒有小雞？

頻：要讓牠在裡面踢一踢。

老師：我知道你的意思，就是從超市買回來的雞蛋，就這樣牠就會孵出小雞……

幼兒：不是，不是。

老師：不然呢？

文：這個應該只有母雞的蛋，要有公雞和母雞的蛋才會有小雞。

老師：你的意思是有公雞和母雞交配生出來的蛋，才會孵得出小雞嗎？

文：對呀，只有母雞的份就不能孵出小雞。

老師：這個就是只有母雞的蛋嗎？

文：對呀，如果只有母雞的份就會沒有小雞，就是那種蛋黃，有公雞和母雞的份就會有小雞。

老師：什麼是「份」啊？

文：就是牠們倆個交配的營養。

老師：你們都聽到了喔？她說那種會孵出小雞的雞蛋是公雞跟母雞交配生出來的雞蛋才會孵出小雞，這種只有母雞自己生下來的沒有交配過的蛋，是孵不出小雞的，是這樣嗎？

文：我也是看電視才知道的。

討論之後，師生共同將三個大紙箱鋪好棉花和報紙，再架好燈泡，準備放置下午去養雞場買的蛋。

 養雞場買來的雞蛋

老師和幼兒討論昨天中午幼兒離園之後去養雞場買來的雞蛋。老師將從養雞場買回來的雞蛋放在紙箱裡，紙箱上的燈泡都亮著。幼兒一早進入教室都看到了，紛紛前往觀看。

老師：今天早上小朋友有沒有看到我們教室裡
　　　多了一個東西？
幼兒：（一群）雞蛋。
老師：燈泡。
老師：雞蛋。（老師拿出了兩顆雞蛋，一顆是
　　　棕色的，一個是白色的）
幼兒：老師，它們不一樣。
幼兒：一顆小，一顆大，顏色也不一樣。
老師：這顆是老師昨天去超市買的雞蛋（指白
　　　色的），而這顆（棕色的）是老闆跟我
　　　講說，它裡面可能有小雞可以孵出來。
　　　老師昨天就去把它拿回來了，我們讓這
　　　一邊的小朋友摸一下就好了，不然，老
　　　師怕太多人摸，雞蛋會破掉。用手摸一

下，（老師拿給旁邊的小朋友），怎麼樣？

頻：好光滑！

老師：好光滑。那兩顆呢？你一起摸一下。兩顆拿在手上，你感覺一下，像老師這樣拿（先示範兩隻手各握一顆雞蛋，再拿給小朋友）。

頻：不要弄破掉了。

庭：用力就會有小雞出來了。

老師：軒，來，摸一下這兩顆。

幼兒：我也要摸。

老師：他（軒）竟然感覺到有小雞。

軒：一顆重重的，一顆輕輕的。

老師：是不是重重的那一顆才會有小雞呢？我再找一個人摸摸看。

（再找一位小朋友）

幼兒：輕輕的（雞蛋）才會有小雞。

老師：什麼感覺？

幼兒：熱熱的。

老師：這裡熱熱的（棕色的雞蛋），這裡冰冰的（白色的雞蛋）。可是，這個（白色的）比較重，這個（棕色的）比較輕。

光：因為雞媽媽用屁股孵，所以應該會熱熱的。

老師：如果我們把這個變熱呢？（指白色的雞蛋）

光：變熱會死。

老師：如果我們變同樣的溫度呢？一樣是熱熱的。

彥：會兩顆一起生出來。

老師：如果兩顆一樣熱熱的，會一起生出來，
　　　是不是？

雅：看哪一顆比較重。

老師：是重的會生出來，還是輕的會生出來？

幼兒：（數位）重的。

老師：重的會生出來是不是？

雅：因為重的有小雞的重量。

老師：重的有小雞的重量，輕的呢？

雅：白色的那顆有蛋跟蛋黃。

庭：老師，那可以煮。

文：如果是太早打開的話，它是沒有小雞的，
　　他自己蹦出來的，才有小雞。如果哪一
　　顆比較快的話，就哪一顆裡面有小雞。

（黃老師插入問題）

黃老師：比較慢打開的就不會有小雞嗎？

文：因為剩下的那顆就是煮蛋了。

黃老師：是嗎？可是你看上次我有小 baby，王老
　　　　師也有小 baby，誰先生出來？

幼兒：（一群）王老師。

黃老師：對啊！我後來有沒有生出來？

幼兒：（一群）有。

黃老師：難道慢生的雞蛋就不會有小雞嗎？

黃老師：就像你們都是同一天生的嗎？

幼兒：不是。

幼兒：就要等啊。

分組活動

1. 蠶寶寶組

幼兒去冰箱拿來桑葉，用衛生紙將桑葉一葉一葉擦乾，再放入飼養蟻蠶的紙盒。做完飼養工作，幼兒自行去拿記錄紙蓋上日期和編號，再拿彩色筆將蟻蠶的樣子畫下來。

2. 蝌蚪組

江老師指導幼兒如何餵食蝌蚪，她拿了一點點飼料，加了一點水，將它捏成一圓球狀，再放入水族箱中。

老師：放入水中，三十分鐘之內如果牛蛙沒有把它吃完，就要把它撈起來，不然水就會很髒，牛蛙可能就會……

幼兒：死掉。

老師：可能啦！我也不知道，要記得喔！

研究者：怎麼算時間？

老師：對啊！你會不會看時間？

弘：會，我有戴手錶。

老師：怎麼看？三十分鐘怎麼算？

弘：長針如果在十二走到六就是三十分鐘。

老師：如果長針是在三，怎麼辦？

弘：就到十。

老師：你可不可以告訴其他人？

（弘點頭）

　　接著每一位幼兒都去拿飼料餵食，幼兒都放了之後，老師看看時間，告訴幼兒長針走到九，就是三十分鐘。

　　最後，幼兒各自去拿紙和筆，畫下蝌蚪的樣子。

　3.蝸牛組

　　丁老師和幼兒討論製作輪值表，兩個小組各自畫了輪值表。

　　　（筑、仲、瑜看著蝸牛爬樹枝。）

　筑：好好玩喔！它們都在爬樹枝。

　仲：蝸牛都爬到上面的蓋子。

　筑：蝸牛有黏力，爬上樹枝都不會掉下來。

　　　（靜、媛、光看著他們的蝸牛也是你一句，

　　　我一句的談論著。）

　　幼兒又將高麗菜撕成小片，串在牙籤上，再插入飼養箱的泥土。然後，幼兒各自去拿紙筆記錄。筑畫下蝸牛爬樹的情形，其他幼兒跟著仿傚，畫出蝸牛爬樹枝的情形。

　4.小雞組

　　黃老師和幼兒一起閱讀圖書。

　幼兒：那本書有小雞的家。

　老師：來找找看。

　　　（全部的幼兒圍成一團，擠著看。最後

　　　由軒翻出來，因為他家也有這本書。）

　老師：喔！跟我們的一樣嗎？要我念給你們聽嗎？

圖3-15　好好玩喔！蝸牛都在爬樹枝。

軒：有的蛋已經破掉了，生出來是黃色的小雞。

老師：生出來一定都是黃色的嗎？（老師指著
　　　書上其他顏色的小雞）

軒：有些不是，有黑的。

老師：我問你們，剛剛軒說不一定生出來都同
　　　一顏色，有些是黃色的，有些是黑色的，
　　　為什麼有些是黃色的，有些是黑色的？

文：因為雞的種類不同。

老師：雞的種類不同？

幼兒：因為牠媽媽以前就是這樣，所以牠現在
　　　也是這樣。

老師：你們看看那顆雞蛋是什麼顏色？（指書
　　　裡面的雞蛋）

幼兒：（齊聲）白色。

老師：你還說白色的雞蛋不會孵？

軒：有些白色的會。

老師：你剛剛為什麼說只有黃色的會孵？

文：白色跟黃色的都會孵，只是有些……

老師：差在哪裡？

文：有些白色會孵，有些白色不會孵，好像
　　是老闆那邊的才會孵。

老師：為什麼？

文：比較快出來的才會孵。

老師：你還是回到剛剛那個問題，我已經回答
　　過你了。比較慢的就孵不出來嗎？還有
　　誰知道？佩，你說。

老師：你（指文）昨天有講什麼樣的蛋才會孵
　　出小雞？你說你在電視上有看到。

軒：公雞的部分，母雞的部分。

文：公雞的部分，母雞的部分。

老師：有公雞和母雞的營養交配出來的蛋才會
　　孵，而不是因為蛋的顏色來決定會不會孵。

軒：有些一隻男的，一隻女的。

老師：是決定於有沒有交配出來的蛋才會孵，
　　對不對？

文：要有交配不管是什麼顏色，有交配出來
　　的蛋才會孵。

老師：是這樣的嗎？你確定嗎？

文：應該確定。

軒：（指著蛋黃的圖）裡面還有一顆蛋，小小的。

宇：蛋黃裡面會蹦小雞出來。

軒：然後小雞再從裡面蹦出來。

宇：愈來愈大就會出來。

老師：對，就是這樣沒錯。

軒：小牛頓裡面有。

老師：小雞裡面會怎麼長，是因為牠要吃蛋黃裡面的營養。就像我的小 baby 在我的肚子裡面要靠我吃東西進去，吸收我的營養一樣。

頻：但是，在你的肚子裡面有一根管子，那根管子就黏在 baby 的肚臍上面，生出來的時候，醫生就會把它剪掉。

文：我知道為什麼會黃黃的，因為牠在裡面有蛋黃，蛋黃把牠包住，所以出來就會黃黃的。

老師：是因為蛋黃是黃黃的，所以生出來才會黃黃的嗎？

文：蛋黃把牠們包住了，出來就是黃色的。

老師：你看，你又沒有想清楚了，你剛剛說是因為雞的種類不一樣，所以才會不一樣。

頻：蛋黃是黃色的，但是有些生出來卻是黑色的。

老師：如果照你說的，是照蛋黃的顏色來決定的話，那我問你，你有沒有看過黑色的

　　　　蛋黃？

　　文：皮蛋。

　老師：我可以告訴你，雞生下來的都是雞蛋，

　　　　皮蛋是人工做的。

　　之後，小雞組的幼兒各自去拿了彩色筆和記錄紙畫
下他們自己那組的雞蛋。

 ## 小雞出生了

討論小雞如何從雞蛋出來，以及小雞剛孵出來的樣子。

　老師：好，我看今天最特別的大概就是這個（蛋

　　　　殼），這是什麼？

　幼兒：雞的殼。

　老師：你們都知道那些小雞是哪裡來的嗎？

　幼兒：從蛋裡面孵出來的。

　老師：是嗎？你怎麼知道？

　幼兒：去養雞場買的雞蛋。

　幼兒：那顆才會生，白色的不會生。

　老師：這顆是從養雞場買的沒有錯，那幾隻小

　　　　雞是從這些蛋裡面孵出來的也沒有錯哦，

　　　　等一下我可以讓你們參觀一下蛋殼，現

　　　　在不要急，你們現在可以看一下小雞是

　　　　怎麼孵出來的，你們都沒有看到，對不

　　　　對？告訴你們，那天，星期五的時候，

我們是不是已經發現一顆蛋破了一個洞
了，告訴你們哦！到了星期五下午，你
們都回家了以後，剩下我跟丁老師、王
老師，我們在這裡，然後就發現那隻小
雞ㄅㄨ……（啄蛋殼），你知道它是用
什麼在ㄅㄨ嗎？

幼兒：嘴巴～

老師：唉唷！你們好聰明喔！這邊ㄅㄨ、ㄅㄨ
　　　……沒有了，又換另一邊ㄅㄨ……，就
　　　ㄅㄛ……爬出來了，那個時候是下午五
　　　點，星期五下午五點是其中一隻小雞的
　　　生日。

　軒：老師，那小雞有濕濕的嗎？

老師：的確有濕濕的，那天是五月十二日下午
　　　五點，牠爬出來以後真的濕答答的耶！

幼兒：蛋白把它弄濕的。

老師：是因為蛋白弄濕的嗎？老實說我也不知
　　　道牠為什麼濕答答的。

幼兒：牠的毛都黏在一起。

老師：牠的毛都黏在一起沒錯，那個燈泡還在
　　　繼續照著牠哦！照照照……過了差不多……

幼兒：那個燈泡太熱了。

幼兒：牠的毛就乾了。

老師：有一串燈泡讓弘帶回家，另外老師準備
　　　了一串給怡，所以他們就一個人帶五顆
　　　蛋，一個人帶四顆蛋回去。結果我們就

孵出來幾隻？

幼兒：六隻。

老師：這邊是五個蛋殼，其中一個蛋殼不見了，沒關係！然後孵出來了，你知道小雞就會走路了嗎？

幼兒：會。

幼兒：不會。

軒：你要讓牠一直照燈泡，等到牠的毛乾了，牠才會走路。

老師：毛乾了才會走路嗎？

幼兒：對。

老師：是這樣嗎？毛還沒乾的時候不會走路喔？這個我就沒看到了。我告訴你哦，怡的爸爸有幫我們拍錄影帶喔，他很棒哦！他幫我們把小雞從頭到尾怎麼生出來的通通拍下來哦。

幼兒：等一下我們來看。

老師：對，我們大部分的人都是沒有看到的，沒關係，很謝謝怡的爸爸，很辛苦，現在我要先跟你討論一件事情，你們剛才說孵出來的都是從養雞場買回來的，對不對？

幼兒：對，那個白色的不會生。

老師：你怎麼知道那個白色的不會生？

幼兒：那是蛋白，可以吃的，可以煮的。

老師：只有蛋白嗎？

幼兒：那已經檢查過了，他知道。

老師：誰知道？

幼兒：那些賣雞蛋的人知道。

老師：誰告訴你的？

幼兒：我媽媽！

老師：媽媽說因為他家的人檢查過，知道不會生，所以才拿出來賣，是這樣子的嗎？有沒有別的說法？只有那顆白色的蛋不會孵嗎？你沒有看到還有幾顆蛋沒有孵嗎？

幼兒：白色的和黃色的，從菜市場買回來的都不會。

老師：都不會孵？好奇怪哦！我請怡和弘帶回去的，有沒有孵不出來的？弘，有沒有孵不出來的？

（弘點頭，手指頭比一）

老師：有一顆孵不出來，為什麼？……你也不知道？

（弘點頭）

老師：怡，你帶回去五顆，有全部都孵出來嗎？

怡：沒有。

老師：沒有，幾顆孵出來？

怡：三顆。

老師：孵了三顆，有幾顆孵不出來？

怡：兩顆。

老師：喔！兩顆。都是老師從老闆那邊買回來的，對不對？

怡：對。

幼兒：我知道，可能比較慢生。

老師：可能比較慢生？

幼兒：有些比較慢生，有些比較快生。

老師：哦！

幼兒：慢生也沒有關係。

老師：慢生也沒有關係。但是你認為只要是老
　　　闆那邊買回來的，都會孵出來嗎？

幼兒：不一定。

老師：現在是不是要繼續照到牠孵出來……我
　　　是說老闆那邊買的蛋哦！是不是？

幼兒：是～

老師：是喔，那我們就繼續照，看到底會不會
　　　孵出來。第二種是超市買的蛋～

庭：超市買的蛋不會生。

老師：一定不會嗎？

幼兒：（一群）不會。

老師：不知道。好～，我問你，我們的小雞是
　　　什麼顏色的？

幼兒：（齊聲）黑色的。

幼兒：牠長大就會變顏色了。

老師：牠長大就會變顏色？

庭：長大會變紅色。

幼兒：變白色。

　　　（幼兒七嘴八舌，一陣討論）

老師：我先問一個問題，你認為小雞長大以後

就會變顏色的，請舉手，牠長大會變色

的請舉手，不管變什麼顏色。

（大部分幼兒舉手）

老師：好！請放下，現在，你認為小雞長大以

後還是會像現在一樣黑黑的，請舉手，

好！不要動，軒、光、鈞，好，鈞你說，

為什麼你認為牠長大以後不會變顏色？

鈞：想不出來……

老師：想不出來，光，你說。

光：牠長大應該也不會變顏色，牠一開始就

是這樣……

老師：牠小時候就是這樣，長大應該也不會變

顏色，你的意思是不是這樣？

光：是。

老師：好，軒，你的意思呢？

軒：就會黃黃的。

老師：就會黃黃的，我問你這顆蛋裡面有沒有

蛋黃。

軒：有。

老師：這蛋黃是什麼顏色的？

軒：黃色的。

老師：照你說的話，牠會被蛋黃染色，對不對？

為什麼牠是黑色的呢？

軒：因為蛋沒有那麼大，不行讓蛋黃擠下去，

可以擠下去，牠就會變色。

老師：你的意思是，如果蛋黃夠大，小雞可以

躲在裡面，就會完全被蛋黃染色，生出
來就會是黃色。如果蛋黃不夠那麼大，
小雞比蛋黃大，蛋黃就會破掉，然後生
出來就不會是黃色的，對不對？你的意
思是不是這樣？

軒：是。

老師：好，為什麼是黑色？為什麼不是紅色？
為什麼不是白色？……為什麼不是綠色？

軒：沒有這種顏色，只有黃色跟黑色。

老師：只有黃色跟黑色的小雞嗎？有沒有看過
白色的小雞？

幼兒：有～

軒：我沒看過。

老師：喔！你沒看過？但是別人有看到。軒，
你認為你剛才講的……就像你說的，因
為蛋黃不夠大，所以牠生出來就沒有被
染到色，所以是黑色的，可是他們也有
看到白色的，所以你們贊成軒的說法嗎？

幼兒：（數位）贊成。

老師：贊成？

幼兒：（數位）不贊成。

老師：不贊成？為什麼不贊成？媛～
（媛沉默）

老師：為什麼不贊成？真，你為什麼不贊成？
你認為他說的，有哪裡是你不能贊成的？
他說的蛋黃不夠大，所以會變成黑色的，

為什麼不贊成？

幼兒：每一顆蛋裡都有蛋黃。

老師：每一顆蛋裡都有蛋黃。

庭：沒有。

彥：有的沒有，有的有。

老師：應該都會被染色，對不對？

軒：小雞在蛋裡面，牠跑出來，為什麼沒有黃色的？

老師：對啊～我就是在問你這個問題，為什麼？

軒：因為它裡面沒有蛋黃。

老師：裡面沒有蛋黃？我問一個問題，你有沒有吃過雞蛋？

幼兒：（齊聲）有。

老師：有沒有吃過荷包蛋、7-11 的茶葉蛋、媽媽煮的滷蛋，裡面有沒有蛋黃？

幼兒：（數位）有。

老師：第二個問題，你有沒有吃過媽媽煎好的荷包蛋一打出來，沒有用筷子哦，就沒有蛋黃，只有蛋白的蛋。

幼兒：沒有～

老師：所以軒我先回答你的問題，你剛才講的：「蛋裡面沒有被染色是因為沒有蛋黃」是不對的。然後呢？你繼續說，每顆蛋都有蛋黃哦。有沒有人知道雞孵出來為什麼是黑色的……你認為雞生出來應該都是黃色的，請舉手……（約十位）放

下，爲什麼是黃色的？

光：小雞在裡面，蛋黃滴下來。

老師：意思就是被染色了，可是爲什麼我們的小雞是黑色的，這顆蛋也是有蛋黃的，爲什麼牠還是黑色的，有沒有人有別的看法？

光：滴下來的時候，牠跑掉了！

軒：小雞在蛋裡面，牠跑出來，爲什麼沒有黃色的？

老師：對啊～我就是在問你這個問題，爲什麼？

光：因爲它的蛋黃是黑色的。

幼兒：（數位）哪有黑色的蛋黃？

老師：你們有沒有看過蛋黃是黑色的？

幼兒：（齊聲）沒有。

老師：我也沒看過。

幼兒：老師我有看過裡面是一個……

老師：我知道你説的是什麼，皮蛋，對不對？

頻：皮蛋是人家做的。

老師：聽見了嗎？皮蛋是人家做的，不是天生黑黑的。好，我來問你一個問題，有沒有人看到你，就跟你説：「文，你長得好像你媽媽喔！」有沒有人看到你，就跟你説：「宇，你好像你媽媽喔！」

幼兒：有～

老師：有喔！軒，你像誰？

軒：我像我爸爸。

（老師再問其他人）

老師：我問你們，你覺得小雞應該像誰？

幼兒：像牠媽媽～

老師：可能像牠媽媽，會不會有可能像牠爸爸？

（幼兒七嘴八舌，一陣討論）

老師：好，剛才光說的，小雞根本看不出來像誰，因為牠可能像母雞，可能像公雞。

幼兒：因為牠都一樣。

老師：因為牠長得都差不多，但是有時候會不會可能有一點像，人家一看就知道，你像誰？

光：媽媽。

老師：媽媽，對不對？因為你是你媽媽生的啊！就像小雞是牠媽媽生的啊！所以牠可能會像牠的媽媽，所以我問你們，你們想一想，有沒有一種可能，牠的身上是黑色，會不會因為母雞是黑色的，有沒有這個可能？

文：不一定，不一定。

老師：有沒有這個可能？

文：要等牠長大才知道。

老師：要長大才知道牠像不像牠爸爸媽媽是嗎？這樣你們認為呢？有沒有可能像牠的爸爸媽媽，所以顏色才會變成那樣，會不會？

弘：不是。

幼兒：不一定。

老師：不一定喔？不然是怎麼回事？

　弘：……（聽不清楚）

老師：我知道你的意思了，你的意思是，要等
　　　牠長大後，看牠到底像不像牠爸爸媽媽
　　　才會知道，對不對？

幼兒：（數位）對。

老師：那就是一開始我問你們的問題，牠長大
　　　後有可能顏色會變，對不對，是不是？

幼兒：是。

老師：好，我們就來看哦，看牠大一點會不會
　　　變顏色哦，然後我再來問老闆，牠的爸
　　　爸媽媽是什麼樣子的，好不好？這樣子
　　　就可以證明了，證明牠跟牠爸爸或媽媽
　　　像不像了。

接著，師生一起觀賞小雞出生的錄影帶。

老師：（指著電視畫面上的雞蛋）你們注意看
　　　喔，哪一顆在動？

幼兒：中間的。

　　　（錄影帶暫停播放）

老師：為什麼它會動？

幼兒：因為牠已經忍不住……

　庭：因為牠一直在踢。

　軒：牠一直向前打。

老師：你們三個說的都是一樣，因為裡面有小

　　　雞在動，所以蛋會動。你知道那是什麼

　　　的水嗎？

幼兒：溫水。

幼兒：熱水。

老師：不是很熱的水吧？很熱的水嗎？怡。

　怡：不知道。

老師：怡的爸爸告訴我那是怡的外公準備溫溫

　　　的水，差不多是我們照小雞燈泡的溫度，

　　　不會太熱，有點溫溫的，手可以摸，然

　　　後他們把帶回家的雞蛋全部放進去，雞

　　　蛋放進去後，她外公就說：「你注意看

　　　喔！蛋如果會動，表示小雞會孵出來。」

　　　像你們剛剛講的，因為小雞會動，所以

　　　放在溫水裡，有的就會動，有的就不會動。

　軒：跟我說的都一樣，剛剛我說的二都有在

　　　動，三顆都有生出來。

老師：喔！不會動的那兩顆呢？

　軒：一跟三。

老師：都沒有生出來，她外公就是這樣說，如

　　　果放在溫水不會動的，蛋可能會孵不出

　　　來，放在溫水裡會自己動的可能就孵得

　　　出來。怡，會動的，有沒有孵出來？

　　　（怡點頭）

老師：有。不會動的，有沒有孵出來？

　　　（怡搖頭）

老師：在她們家的時候沒有孵出來，現在我們

　　　　　　拿來繼續孵看看到底會不會孵出來，好
　　　　　　不好？

幼兒：（齊聲）好。

老師：所以她外公教我們這個方法，說把它放
　　　　在溫水試試看會不會動喔。怡，還有沒有？

　　　　（錄影帶繼續播放）

幼兒：會走路了。

幼兒：燈泡拿起來了。

　　　　（錄影帶暫停播放）

老師：燈泡什麼時候要拿掉？

　怡：牠乾了。

老師：乾了就拿掉。牠什麼時候會走路的？

　怡：羽毛乾了。

老師：羽毛乾了就會走路了喔！

幼兒：牠嘴巴有黃黃的。

　　　　（影帶中，另一顆蛋裡的小雞開始啄蛋殼）

幼兒：（齊聲）小雞加油！加油！加油！

　　　　（加油聲愈來愈大）

幼兒：出來了喔！

幼兒：（齊聲）加油！加油！

　　看完錄影帶，各組幼兒開始進行分組活動，去餵食
他們的小動物和觀察記錄。

小朋友的最愛

　　從昨天小雞進到教室以來，牠們一直是幼兒注意力
的焦點。很多幼兒入園的第一件事就是去看看他們心愛
的小雞。分組時間其他組的幼兒在照顧好自己那組的動
物之後，有時也到小雞組參與他們的活動。

　　今天開始要餵小雞蔬菜，幼兒去廚房拿來高麗菜。
以下是當時活動的片段記錄。

　　幼兒：老師這個可以嗎？

　　老師：這麼綠呀！可以呀，只有兩葉喔？我請
　　　　　問一下軒那組，要幫小雞換報紙嗎？小
　　　　　雞怎麼辦？

　　幼兒：小雞把牠拿起來。

　　老師：放在哪裡？

　　幼兒：放在那個盒子。

　　老師：每個人都放這裡喔！到時候怎麼知道哪
　　　　　一隻小雞是你們的？

　　幼兒：分盒子呀。

　　老師：現在只有這個盒子怎麼辦？可是小雞會
　　　　　跑來跑去呢，放在這裡面你覺得放在這
　　　　　裡可以嗎？怎麼辦？

　　幼兒：只有四個。

　　幼兒：那一組的一個放那裡，那一組的兩個放
　　　　　在那，這一組兩個放那裡，這一組再放

兩個在那裡。

老師：萬一牠們走動怎麼辦？

幼兒：會。

　　　（老師請幼兒將小雞從紙箱抓出來，放在塑膠盒裡，小雞從盒子跳出來，幼兒忙著抓小雞，叫聲、笑聲不斷）

幼兒：有一個去把牠們看著呀。

老師：誰要把牠們看著？

幼兒：我。

老師：我看放這裡不太好，牠會走喔，你看，我看你們先放回去，要先換報紙，不要玩小雞。

老師：報紙放一層就夠了嗎？萬一牠便便下去，弄溼了呢？

幼兒：再一張。

老師：要兩層，那一組都沒有人要動手，我也不會喔！

幼兒：你們先拿一張報紙來。

幼兒：這邊一張報紙。

老師：佩，然後怎麼辦？你也不知道喔？我也不知道，你等一下再問問他們怎麼辦？

　　　（各組幼兒去拿報紙鋪在紙箱底）

頻：好好玩喔！太可愛了！

幼兒：老師我們好了。

老師：小雞可以放進去了，那飼料呢？要怎麼裝？在這裡，你們自己看要倒多少？佩，

小雞的家沒有裝好，你不要把它摺得那
麼小，（老師對其他的小朋友說）你們
不要一直抓小雞，如果是你，你喜歡一
天到晚被別人抓嗎？我來教你怎麼換報
紙。軒，你鋪好了喔？萬一牠大便在這
裡怎麼辦？你去看看別人鋪的和你有什
麼不一樣？

（每一組幼兒分工，有的鋪報紙，有的
去取水，有的去拿飼料，有的看住小雞
免得牠跑走）

軒：他們的箱子好。

老師：這跟箱子有什麼關係？

幼兒：對，沒什麼關係。

老師：他們跟你的有什麼不一樣？箱子？昨天
你怎麼加水的？昨天是誰加水的？佩，
是不是？

幼兒：我給牠喝呀喝完了，佩就說她要加水

老師：那現在水盤是固定的，你要怎麼加水？

幼兒：牠喝完再去倒。

幼兒：去外面裝水，把水倒進去。

老師：可以，你現在需要加嗎？佩，需不需要
加水，它已經固定在這裡，怎麼辦？

文：去拿水來倒呀！

師生一邊撕菜葉，一邊談論著。

文：小雞吃了中毒怎麼辦？

老師：爲什麼你覺得牠吃這個會中毒？

幼兒：小雞吃了會不營養，怎麼辦？

老師：你怎麼知道牠吃了會不營養？

雅：菜營養啊。

老師：她覺得營養，你爲什麼覺得不營養，你有沒有在吃菜？（文點頭）

老師：爲什麼吃菜？

（老師發菜給文）

老師：小塊喔。

文：這麼小可以嗎？

老師：太大了，你放著，牠自己就會過來吃了啦。

（幼兒將菜拿到小雞前面）

幼兒：牠們好像都不吃。

老師：牠們好像都不吃嗎？等一下再看看。

幼兒：你不能勉強牠去吃，等一下牠吃死。

幼兒：可是我想餵。

（雅拿著小碟子，要餵雞吃飼料）

佩：這樣太過份了，小雞要吃，牠自己會吃，可是你又要逼牠吃。（說完生氣地走掉了）

文：不能勉強牠吃，等一下牠吃死了，你放著牠自己拿去吃啦，你手走開。

雅：我想餵牠啊。

（雅還是拿著碟子追逐小雞，但放慢了速度）

幫小雞找朋友

昨天隔壁班將他們養小雞的紙箱挖洞並連接起來，原來分別放在三個紙箱的五隻小雞（有一隻落單）立刻穿過洞聚在一起。老師們覺得小雞喜歡有同伴，所以主動和幼兒討論將三組小雞的家連接起來。

老師：我們要幫小雞找朋友，對不對？怎麼找？

幼兒：要挖一扇門。

老師：在哪裡開一扇門？

　　　（幼兒一陣回答）

幼兒：箱子。

老師：等一下，先講好，要怎麼讓小雞去找一個朋友？

　軒：就是在箱子的前面割一扇小門，牠就可以去找朋友了。

老師：在箱子的前面割一扇小門？

幼兒：不是前面啦。

老師：要怎麼樣，牠們才可以走來走去？

幼兒：三個箱子排在一起，中間割一扇門。

老師：三個箱子排在一起，相接的部分割一扇門。

幼兒：中間要割兩扇門。

老師：你說哪裡要割兩扇門？

幼兒：這裡割一扇，那裡割一扇。（小朋友指著箱子的兩邊。）

老師：中間那一個要割兩扇門是不是？讓牠們
　　　走來走去就對了！三個箱子要能夠通！
　雅：在箱子那邊，每一個箱子都要割一扇門，
　　　然後中間那個就割兩扇門。

 ## 所飼養的動物是否有成長？

接著，老師詢問幼兒所飼養的小動物是否有長大。

老師：你們覺得你們現在養的動物有沒有長大？
幼兒：有。
老師：你覺得你養的動物有長大的舉手。
　　　（一群小朋友舉手）
老師：手放下。雅，你養什麼？
　雅：蠶寶寶。
老師：蠶寶寶。雅，你怎麼知道牠有長大？
　雅：因為牠本來是黑色的，又很小，現在變
　　　白色又變大了。
　雅：黑色的是蟻蠶而已。
老師：黑色的叫做蟻蠶，然後呢？現在怎麼樣？
　雅：現在長大變白了。
老師：長大就慢慢全部變白了嗎？
　雅：對。
老師：真的喔？蠶寶寶真的有長大了。再來問，
　　　牛蛙組的，誰養？（養牛蛙的小朋友舉
　　　手）牛蛙組的，誰告訴我你們的牛蛙有沒

　　　有長大？齊？

　　　　（小朋友搖頭）

老師：沒有長大？一點都沒有？誰的牛蛙有變胖？

幼兒：我們的。

老師：你們的有什麼變化？

幼兒：本來有一隻是小隻的，可是慢慢地變成有兩隻大的。

老師：本來你養幾隻？你們有幾隻牛蛙？

幼兒：我們本來有一隻大的，一隻小的。

老師：本來有一隻大的，其他都是小的？大的有多大？你比給我們看。

　　　　（小朋友用雙手的食指與拇指合起來，比出大小。）

老師：好，蝸牛有沒有什麼變化？

幼兒：沒有。

老師：沒有？有沒有長大？

幼兒：都沒有長大。

老師：我們要怎麼知道蝸牛有沒有長大？誰知道？

幼兒：殼變大，身體也變大。

老師：蝸牛有沒有長大就是殼變大，身體也變大嗎？

幼兒：因為牠會換殼，會換更大的殼。

幼兒：因為殼是牠自己的，牠本來就有了。

幼兒：牠會脫殼。

老師：到底是哪一種？是頻說的，牠生來就有殼，會跟著身體一起長大？還是牠長大

會換殼？

幼兒：應該是殼生出來就有。

幼兒：長大會換殼。

（小朋友一陣討論）

幼兒：牠長大，殼也會跟著長大啊。

幼兒：殼會跟牠一樣長大。

幼兒：牠可以用牠適合的。

老師：怎麼辦？有兩種說法耶！一種是你們說的，長大牠自己會換殼。一種是像你們的（指著另外一邊的小朋友）殼不用換，因為它會跟著蝸牛的身體一起長大，是嗎？

（小朋友一陣討論）

老師：有沒有看到蝸牛在換殼？

老師：他們說沒有，（老師問旁邊的小朋友）你們有沒有看到蝸牛在換殼？

幼兒：沒有。

老師：殼有沒有慢慢地在變大啊？

（小朋友都搖頭）

老師：都沒有。

（小朋友一陣討論）

幼兒：我知道蝸牛晚上會換殼。

老師：有沒有什麼方法可以知道正確的答案？

幼兒：去觀察牠。

老師：觀察牠，這是第一種方法。有沒有第二種方法？這可能是最好的方法，直接看到底有沒有，是跟著長大呢？還是牠自

　　　　己換殼？那第二種方法呢？有沒有第二
　　　　種方法可以知道正確答案「牠到底是需
　　　　要換殼呢？還是不用換，它自己會長大？」

幼兒：我知道。

　　　　（小朋友一陣搶答）

老師：我還知道有第二種方法，要不要聽聽看？

幼兒：（一起）要！

老師：找書啊！找跟蝸牛有關的書啊！

幼兒：老師，那裡就有一本了。

老師：小雞有沒有長大？

幼兒：有。

幼兒：沒有。

老師：你怎麼知道沒有？

幼兒：因為牠還跟昨天一樣。

幼兒：我知道。

老師：你說的是顏色黑黑的，樣子一樣，對不對？

幼兒：那是小雞啦。

老師：你怎麼知道牠到底有沒有長大？

幼兒：牠孵出來就長大了啊。

頻：如果牠昨天假設是五，今天是六的話，
　　　那牠就是長大了！

老師：你的意思是量牠的身高嗎？（頻點頭）
　　　量身高就可以知道牠有沒有長大，有沒
　　　有量其他的？像我要知道你們有沒有長
　　　大，我都怎麼辦？

幼兒：量身高。

老師：量身高，還有什麼？

幼兒：量體重。

老師：量體重。這樣我就知道你們有沒有長大，對不對？小雞呢？剛剛頻已經說量身高了，小雞能不能量體重？

頻：……（小學部的下課鐘響起）

老師：你們聽到頻的意思了嗎？

幼兒：（一起）聽到了。

老師：我再說一次好了，免得有人沒有聽清楚。比如說，這裡有一張紙，（老師拿了一張紙架在筆筒邊）然後，讓小雞站在這張紙的前面。假裝這是小雞，（老師握拳假裝是小雞），然後拿筆來畫，小雞現在在哪裡，就給它畫一條線（在筆筒上），然後在旁邊寫「第一天」，好，那我們就知道牠的身高。再寫上日期好不好？

幼兒：（點頭）

老師：好，這樣我們就可以知道原來牠第一天就長這麼高，第一天量的時候是這麼高，可是要知道牠到底有多高要怎麼辦？

幼兒：再量一下。

老師：用什麼量？

幼兒：用尺量。

老師：用尺量就可以知道牠長得有多高。明天再請小雞過來站一下，再拿尺來量，再

畫一次。搞不好，牠現在已經長到這裡，再畫一次，如果跟第一天不一樣，有比第一天高一點點，表示牠有長大了。好，這是量身高的方法，這個辦法好不好？

幼兒：（一起）好。

老師：可是你要叫小雞來站在紙前面，你要費一點功夫喔！因為小雞不像你們會聽真正的話。

幼兒：牠們會亂動。

老師：牠可能會亂動，所以你們要有一點技巧喔！。

　　　（小朋友又是一陣討論）

老師：還有剛才說要量體重，怎麼量體重呢？

幼兒：就把牠引過來，用牠最喜歡吃的東西把牠引過來。

老師：好，引過來之後要在哪裡量體重？

幼兒：體重機啊。

老師：哪裡有體重機啊？

　　　（小朋友一陣討論）

幼兒：用平常使用的體重機啊。

老師：平常的體重機喔？有沒有其他可以量體重的方法？

　頻：可是平常我們小朋友在量身高體重的沒有到這麼低啊。

老師：而且體重可能比較……

幼兒：高。

老師：高？體重比較高？

幼兒：最低的沒有到那麼低。

老師：對啊，最低的沒有辦法量到那麼輕的。

幼兒：高就是太重了。

幼兒：平常的體重機是讓人家量到體重的。

老師：還有沒有其他的？其他可以量到體重的？

幼兒：就是要用磅秤。

老師：磅秤，在哪裡的磅秤？

幼兒：就是像菜市場那種的，可以量雞蛋的，放下去就可以知道的。

老師：是不是這一個？

　　　（老師拿出一個磅秤。）

幼兒：（一起）對。

　　　（小朋友一陣討論）

老師：可是有一個問題，小雞要抓來這裡，你猜牠……

幼兒：牠會跑。

　　　（小朋友一陣討論）

老師：牠會跑，怎麼辦？

　雅：做一個東西把牠圍起來。

老師：用兩張紙把牠圍起來嗎？（指著磅秤）

幼兒：讓牠很舒服。

老師：讓牠很舒服牠就不會跑了。還有沒有其他的辦法？除了把牠圍起來之外？

　　　（小朋友一陣討論）

老師：再想辦法。

幼兒：小雞又再叫了，叫好大聲。

老師：都沒有辦法了嗎？我想到一個辦法。

幼兒：用東西把牠移過來。

老師：用東西把牠移過來？把牠裝在一個東西
　　　裡面來秤。

幼兒：東西的重量就加上去了啊。

老師：有沒有什麼辦法可以讓東西的重量不要
　　　加上去？

　雅：拿東西給牠吃，讓牠自然跳上去。

幼兒：用棉花。

老師：用棉花放在上面？（指磅秤上）你的意
　　　思是棉花比較輕就不會影響了，對不對？
　　　可是棉花放在上面小雞就不會亂跑了嗎？
　　　有沒有跟棉花一樣輕的東西？

　雅：用手，放飼料讓小雞來吃。

幼兒：可是飼料也有重量啊。

　　　（這時丁老師拿了一個餅乾盒來）

老師：用這個會不會有重量？

幼兒：（一起）會。

老師：我們來看看？來秤看看會不會影響。

幼兒：可是老師，你用手拿啊。

　　　（小朋友一陣討論）

老師：我們來看看，指針有沒有對到中間。

　軒：要歸零。

老師：要歸零，好。（小朋友一陣嘈雜，因為
　　　每個小朋友都要往前擠）你們都坐好，

我會一個一個轉給你們看。要歸零是不
是？軒，你來看看有沒有歸零。

（軒往前）

軒：指在◯這邊。

雅：歸零就是指在◯那邊。

老師：歸零就是那根指針要指到◯那邊，有沒有？

軒：有。

老師：好，請你回去。來，聽好，剛剛軒說要
歸零，歸零的意思就像雅說的，指針要
在◯的地方。現在讓你們看一下，指針
有沒有在◯的地方。

（老師把秤轉給小朋友看，小朋友是圍
成圓圈坐著）

老師：好，我們現在來秤這個盒子喔，就可以
知道會不會影響小雞的重量。

（老師把盒子放到秤上）

幼兒：把小雞放在那個盒子裡面。

幼兒：動一下，有動一下。

雅：因為那個有重量。

老師：你看有影響嗎？（小朋友全部跑到前面
去，老師制止）我轉給你們看，你們回
去坐好，要大家看才準喔，不要一個人
說，看清楚一點。

（老師給小朋友看，小朋友一陣談論）

幼兒：0.1！

老師：什麼 0.1 啊？

幼兒：就是比一還小啊。

老師：有跑嗎？

幼兒：真的有跑。

雅：就把飼料放在上面。

老師：怎麼辦？真的有跑，有重量，跑一格。

如：不然就把那一格不要算進去。

軒：……不要算那一格就好（聽不清楚）

老師：軒的意思是，這裡有一格，沒有關係，小雞放進去，要數小雞到底有多重，那格不要去算就好了。

軒：最後一格不要算。

如：要重新算喔。

老師：要重新算，可是……我用畫的好了。

雅：要減掉。

老師：要減掉。就是這個意思。

軒：因為是那個（指盒子）的重量，因為小雞會放進去。

老師：好，來，剛才軒的意思是說，我畫給你們看，這是磅秤，對不對？比如說，這是一根指針，這是○的地方，然後這邊有畫一、二、三、四……十，我把它變大了喔，本來沒有放盒子，針是指在這裡，對不對？針指在○的地方，就像軒說的，歸零，就是這個意思。盒子一放上去之後，那個針變成在這裡！

幼兒：0.1。

老師：跑到「一」這裡，有跑一格了，本來在
　　　這裡，由這裡跑到這裡了。（老師從〇
　　　的地方指到一的地方。）我們怎麼算小
　　　雞的重量呢？

幼兒：我知道。

老師：軒的意思是說，假設，現在小雞一放上
　　　去，一隻小雞放上去了，放上去之後，
　　　那根針就一直跑跑跑，跑到這裡（指著
　　　十），有包括盒子喔。軒的意思是，我
　　　們要數小雞有多重的時候，就從哪裡開
　　　始數？

如：第二條。

軒：第一條啦。

老師：從第二條開始數，是不是？

如：從第二條，因為針是從第二條開始跑。

軒：第一條，然後最後一條就不要數了。

老師：好，我先講軒的意思。軒的意思是說，
　　　第一條，還是從這裡開始數（從〇的地
　　　方），一、二、三……九，但是只數到
　　　這裡，為什麼？

雅：因為加了盒子的重量了。

老師：對，因為這邊已經加了盒子的重量了，
　　　所以，不要數到這裡，這裡就把它扣掉
　　　了，是不是？軒的意思是不是這樣？

軒：對。

老師：所以小雞就只有九格的重量，還有另外

一種的算法。剛剛誰說的？如說的，你
也可以不要從○的地方開始數。就直接
從盒子的地方，盒子已經放上去了，盒
子是在這裡（指著「一」），對不對？

幼兒：不要數第一格的話，就可以數第二格。

老師：第一格不要數，就可以直接數到最後，
她的意思是，不要從○的地方開始數，
要從「一」的地方開始數，就開始數一、
二、三……九。

幼兒：也是九格。

老師：多少格？九格，對不對？從第一格的地
方數是九格，從○的地方開始數，但是只
數到哪裡？只能數到這裡，對不對？一、
二、三……九，這邊不要數，我們是從○
的地方開始數，有盒子喔，要不要數這裡？

幼兒：不要。

老師：答對了，所以不管從這裡（指「○」）開
始數，數到這裡（指「九」），或是從
「一」開始數，數到「十」這裡，都是
只有九格。有沒有一樣？

幼兒：有。

老師：這樣，兩種方法都……

　軒：只是不一樣的地方開始數。

如何辨識小雞

之前，老師已經和幼兒討論到要將三個紙箱連接，讓三組的小雞可以互相作伴，但是如此一來可能會搞不清楚那一隻雞是那一組的？所以，老師又和幼兒討論。

老師：我請問你，剛才我們不是說要挖洞讓他
　　　們去交朋友嗎？我們有說要戴項鍊，同
　　　一組的就戴同一種顏色，對不對？

幼兒：對，戴項鍊。上面有貼顏色的項鍊。

老師：好，譬如說，第一組的是藍色，兩隻雞
　　　都戴藍色。第二組是黃色，兩隻雞都戴
　　　黃色。第三組是紅色，兩隻雞都戴紅色。
　　　但是問題來了，要秤重的時候，兩隻雞
　　　都是藍色，一秤完，你怎麼知道這個是
　　　哪一隻的？

幼兒：要一隻一隻秤。

老師：要一隻一隻秤，我要怎麼知道誰秤完了？

　軒：秤一隻就好了，因為他們兩個的重量都
　　　一樣。

老師：是嗎？我請問你，請問瑜跟光的重量一
　　　樣嗎？一樣都是小朋友，你怎麼知道兩
　　　隻小雞重量都一樣？

幼兒：光比較胖。

　軒：我不知道。

　　　　（小朋友一陣回答）

幼兒：有的生出來會比較大，有的比較小。

老師：小朋友一生出來，有的會比較大，有的
　　　會比較小。有沒有辦法可以解決？我們
　　　要怎麼知道哪一隻雞到底有多重？

幼兒：我知道。

　雅：就是你拿一個盒子，把全部的雞都放在
　　　盒子裡，不要裝在箱子裡，量過就裝到
　　　箱子裡，量過就裝到箱子裡。

老師：對，我的意思是說，我以後怎麼知道？
　　　比如說，今天量一隻，第一隻藍色的是
　　　十克好了，第二隻是十二克好了，明天
　　　再量。搞不好，明天就兩隻都十二克，
　　　我怎麼知道……

　雅：你寫名字啊。

老師：寫名字？怎麼寫名字？

幼兒：取名字。

老師：取名字？用看的就可以了，就知道哪一
　　　隻的？你們不是說長大會變色，慢慢長
　　　大，慢慢變色，怎麼辦？

幼兒：長大那條項鍊會壞掉。

老師：好，我現在的意思是，我怎麼知道哪一
　　　隻雞有多重？

　雅：取名字來寫啊。

老師：取名字幫它寫上去，是不是？這樣知道
　　　了嗎？

軒：我們又不認識字怎麼辦？

老師：不認識字怎麼辦？你們認識什麼？有什
　　　麼是大家都認識的？

幼兒：畫圈圈叉叉。

老師：畫圈圈叉叉？每一隻給它不同的記號。

幼兒：對。

幼兒：號碼。

老師：號碼？可不可以編號碼？可不可以？六
　　　隻雞就要幾個號碼？

幼兒：六個。

老師：六個號碼。

幼兒：不一樣的號碼。

　雅：第一箱就編一、二，第二箱就三、四號，
　　　第三箱就五、六號。

 分組活動

1. 小雞組

　容、軒試圖將放在紙盒的小雞抓起來，容抓到，用
雙手捧著交給怡，怡也用雙手捧著送到老師前面的大塑
膠盒，老師拿著毛線。

老師：你們要什麼顏色？

　軒：綠色。

　容：這個（指著老師面前的藍色毛線）

老師：OK。老師剪下一小段藍色毛線。綁在脖

　　　子，是不是？

　　　　（老師要將毛線綁在小雞脖子，小雞閃

　　　過來、閃過去）

　容：小雞，不要跑（伸手按住小雞）。

幼兒：很害怕喔。

老師：很害怕喔，乖，幫你掛項鍊喔。

　　　（綁好之後）

老師：看看會不會難受？

幼兒：會。

幼兒：不會。

老師：要不要再鬆一點點？

幼兒：（齊聲）鬆一點點啦。

老師：容，把牠抓著，像剛才一樣。

　　　　（小雞的頭不停轉動，老師無法將脖子

　　　上的毛線剪下）

老師：兩隻手。

　　　　（軒將雙手按在小雞身上）

老師：要長一點，是不是？這樣好不好？

　　　　（老師剪下一段毛線，再綁到小雞脖子上）

　容：（按住小雞）要乖喔。

　文：再長一點。

　容：那是我們這一組的。

老師：這樣還不夠長嗎？

軒、宇：夠長了。

　老師：（綁好之後）可以嗎？

　幼兒：（齊聲）可以了。

（容將小雞捧起，送回大紙箱）

老師：不要號碼嗎？不是要編號嗎？

（幼兒七嘴八舌）。

老師：還有一隻啊，還有一隻還沒綁啊。

（容又從大紙箱抓起另一隻，讓老師綁
項鍊）

老師：這隻很頑皮喔，這隻要編幾號，還沒有
編號碼呢！讓牠回去好了。

（容讓小雞站在右手掌背，慢慢送回紙箱）

之後，師生合作幫小雞稱重量。

老師：開始來秤喔。

（小雞放在小保麗龍盒子，幼兒將盒子
連同小雞，捧到磅秤上）

老師：你先來，趕快看，你的手不能抓住。

（小雞跑到盒子邊緣，盒子幾乎翻覆）

老師：趕快看，你的手不要壓。

（幼兒一放手，小雞又往邊緣跑，小雞
連同盒子一起翻落桌面）

（老師將小雞抓入盒子，再放到磅秤上）

老師：雅，你趕快看，我放著，你趕快看。

雅：下面的喔？

老師：第幾格？十再過來那格？

（軒還在數）

老師：十五，對不對？

　　軒：十五。

老師：再過來到五十，對不對，五十再過一點點。

　　　　（老師把它記在紙上）

　　　　（佩、文、容又放一隻到磅秤上）

老師：到哪裡？（指著磅秤），到五十，對不
　　　　對，這要扣掉一格，四十五。

　　　　（容送小雞回紙箱）

　　秤完體重，師生開始另一項工作：接通三組小雞的
家。軒在紙箱側邊底部畫了一扇拱形的門，老師用美工
刀沿線割開，紙箱很厚不易割開，老師費了很大的勁才
割出洞來。

　2.蝸牛組

　　媛、光、安、瑜、筑等人站在蝸牛飼養箱前，媛和
筑各自將他們自己的飼養箱裡的蝸牛挑出來，放在小碟子。

　　將飼養箱清理乾淨之後，又放了一些新鮮蔬菜。接
著老師請幼兒去拿水彩筆和水，進行蝸牛走水路的實驗。

　　蝸牛在壓克力板上爬行，留下幾個白色的斑點，幼
兒看到開始爭論是大便，還是卵。飼養箱裡的一隻蝸牛
爬到箱子頂端邊緣，丁老師以手指觸碰蝸牛的頭，蝸牛
就爬到丁老師手指上，離開了飼養箱。

老師：你們看，牠怎麼跑到我的手上來的。

　光：ㄛ　ㄏㄡ～！

幼兒：你們在玩蝸牛啊，老師在玩蝸牛耶！

　　　　（媛見狀，也伸出手指要接蝸牛）

老師：媛，來，我把牠弄這樣子（老師將蝸牛
　　　調頭），你在隔壁接。

　　　（媛伸出手指，和老師的手指平行）

老師：看牠怎麼過去的喔。

　　　（蝸牛的頭頸伸得很長，爬到媛手指上）

老師：牠的身體變這麼長耶。

　　　（筑又伸出一雙手指，蝸牛再爬過去）

　媛：好癢呢，老師。

　　　（筑接過蝸牛之後，向其他幼兒炫耀，
　　　這些幼兒每人的食指上也都爬著一隻蝸
　　　牛，大家輪流將蝸牛傳到別人手指上）

 ## 紅公雞的故事

老師說了「紅公雞」的故事，說完又和幼兒討論。

老師：你們現在也是爸爸媽媽，你們知道嗎？
　　　是誰的爸爸媽媽？

幼兒：我知道，是下一代的。

幼兒：我們的動物的。

老師：也是你們現在照顧的小動物的爸爸媽媽。
　　　我很想知道，蠶寶寶要怎麼養？誰要跟
　　　我們分享？誰告訴我們？你們都怎麼養
　　　蠶寶寶？

幼兒：要換葉子。

老師：好，請如來講一下好了，跟我們分享一

下，因為我們都不知道要怎麼樣養蠶寶寶？

如：……然後把蠶寶寶一隻隻慢慢弄去桑葉上。

老師：你們桑葉都放在哪裡？

幼兒：放冰箱。

老師：放在冰箱，好，冰箱裡的桑葉直接就可以拿給蠶寶寶吃了嗎？

幼兒：不行，要退冰，退冰完再擦乾就可以。

老師：一定要退冰再擦乾才給牠吃哦？

（幼兒七嘴八舌，一陣討論）

老師：為什麼要等它退冰，把水擦乾，為什麼？

幼兒：我今天就是一隻蠶寶寶吃到水了，結果牠大便黃黃的，就死了。

老師：蠶寶寶吃到水會死掉？

幼兒：會拉肚子。

老師：因為拉肚子死掉，真的哦？我們人為什麼喝水不會怎樣？

幼兒：我們需要水，蠶寶寶不跟我們一樣，牠不需要水。

幼兒：每一種動物牠吃的東西，牠的習慣不一樣。

幼兒：不一定，我們人可以喝水，蠶不可以喝水，所以不一定。

老師：不一定，所以蠶就是那種不需要喝水的動物。牠喝到水會死，這麼嚴重，我都不知道，因為我不會養蠶。（轉身問如）還有什麼需要注意的，除了換桑葉……

（被打斷）

幼兒：牠也不能被螞蟻咬。

老師：牠也不能被螞蟻咬？

幼兒：用水在上面……（把養蠶的盒子放在水上面，以防螞蟻爬進盒子裡去）

老師：為什麼螞蟻喜歡蠶寶寶？

幼兒：因為蠶寶寶很軟，螞蟻喜歡吃很軟的東西。

老師：螞蟻不是喜歡吃甜的東西嗎？

幼兒：跟軟的。

老師：哦，跟軟的。你怎麼知道牠喜歡吃軟的？

（幼兒七嘴八舌，一陣討論）

老師：我對蝸牛更好奇，來！蝸牛組的，誰跟我們分享一下？筑昨天有說過嘛，蝸牛都吃什麼？高麗菜、小黃瓜……蛋殼？

幼兒：還有蘋果。

老師：為什麼蝸牛要吃蛋殼？

筑：書本上有寫。

幼兒：高麗菜的葉子要每天換。

老師：為什麼要每天換？

安：放兩天它會臭掉。

老師：蝸牛可以吃臭掉的東西嗎？

瑜：對。

老師：你們的蝸牛還有在蓋子上面的咧。

（幼兒七嘴八舌，一陣討論）

老師：你們的蝸牛到底要不要換殼呀？

幼兒：要吧，應該要吧？

老師：蝸牛到底有沒有眼睛呀？

　　　　（幼兒七嘴八舌，一陣討論）

幼兒：上面比較長的是眼睛。

老師：這麼小，你怎麼看？

　　　　（幼兒擠到前面去看蝸牛）

老師：我想知道，蝸牛這麼小，光用眼睛怎麼
　　　看得到？

幼兒：放大鏡。

老師：放大鏡可以看得到，你是說這種放大鏡嗎？
　　　　（老師拿出放大鏡）

幼兒：對。

老師：這個可以很清楚看到牠的眼睛嗎？真的
　　　喔？你們要不要……

幼兒：這裡有一隻。

幼兒：我知道牠的呼吸孔在那裡。

老師：我直接看一下好了，看看這樣是不是真的
　　　可以看到牠的眼睛。（老師用放大鏡看蝸
　　　牛）真的很奇妙，用放大鏡就可以看清楚。

幼兒：一個一個來輪流看。

老師：好，一些人輪流看。我有很多支這種放
　　　大鏡，你想看嗎？包括我們的蠶寶寶，
　　　蠶寶寶很小對不對？如果你想看清楚，
　　　可不可以用這個工具？

幼兒：可以。

老師：我有好多支哦！我決定把它放旁邊，蠶
　　　寶寶那邊放三支，蝸牛這邊也放三支，
　　　好不好？

幼兒：好。

老師：你們想看就可以看。但是要小心，因為……

幼兒：這是玻璃。

老師：這是玻璃的東西，你不小心把它掉在地板就會……

幼兒：破掉。

老師：而且這個好重，你要拿好哦，這樣看果然很清楚，自己找一個距離、找一個角度。

幼兒：我知道牠的呼吸孔在那裡。

老師：包括呼吸孔，直接用眼睛就可以看到了嗎？

幼兒：不是，要用放大鏡。

老師：一定要用放大鏡哦？

幼兒：呼吸孔就在殼的附近。

老師：我等一下會把放大鏡放在這兒，你有興趣觀察的再來請教蝸牛組，然後看看蝸牛怎麼養，為什麼要這麼多的竹子在這裡？

幼兒：讓牠爬。

老師：牠會爬這個小樹枝哦？

幼兒：會。

老師：像遊樂場一樣嗎？

幼兒：對。

老師：你們幹嘛不放別的東西讓牠玩，為什麼只放樹枝？

幼兒：因為牠只會爬樹枝。

老師：你怎麼知道？你只會溜滑梯嗎？你會不會搖呼拉圈？

（幼兒七嘴八舌，一陣討論）

老師：你們要不要幫忙牠設計一些玩具，讓牠
　　　試試看，牠還會玩什麼？好不好？不一
　　　定只有這種，再試試別的東西。

 ## 屏東科技大學參觀行前討論

接著老師和幼兒討論次日去屏東科技大學參觀可能
看到的動物。參觀的重點是觀察螢火蟲和看乳牛擠奶，
老師特別針對這兩項進行討論，希望透過問題促使幼兒
次日仔細觀察。

老師：你知道我們明天有什麼重大的活動嗎？

幼兒：科技大學，屏東科技大學。

老師：你們都知道。

　　　（幼兒七嘴八舌，一陣討論）

老師：我發現你們都已經知道重點了，要去看
　　　螢火蟲，要去看擠牛奶，看可憐的流浪
　　　動物……我想請問你，你看過螢火蟲嗎？

幼兒：沒有。

幼兒：有。

老師：有看過螢火蟲的請舉手。

幼兒：螢火蟲會發出藍色、綠色的光。

老師：好！手放下，你看到藍色、綠色的光，
　　　你看到的跟我的是一樣的。你知道螢火
　　　蟲的哪裡會發光？

幼兒：屁股。

幼兒：身體和屁股。

老師：屁股？媛說身體和屁股，可是我覺得是頭發出來的。

幼兒：牠生出來也會發亮，在土裡面。

老師：在土裡面？

幼兒：我有看過書，明天帶來讓你們看。

幼兒：在黑黑的地方牠就會發光。

老師：我的意思是，牠不是應該頭會發光嗎？牠在飛的時候，像手電筒一樣照到路。

幼兒：牠只有屁股會發光。

幼兒：牠的屁股有一個半圓形，半圓形的尾巴那裡會發光。

幼兒：橢圓形的吶。

老師：真的嗎？螢火蟲從很小就會發光嗎？

幼兒：會！

老師：還是長大變螢火蟲才會發光？

幼兒：長大以後變螢火蟲才會……

幼兒：我媽媽以前有抓過一隻很小很小的螢火蟲，牠小的時候都沒有發光。

老師：真的嗎？明天我們要去的那裡，聽說有從螢火蟲最小的時候，到牠變成大螢火蟲的樣子。

幼兒：明天我帶給你們看。

老師：好，明天你可以帶來。看看跟我們要到科技大學的有沒有一樣？好不好？我想

　　　請問螢火蟲有多大？（用手比出）這麼大？

幼兒：小小的而已啦！

老師：多小？

幼兒：像大姆哥這樣而已。

老師：牠剛出生來是這樣，長大以後變這樣。
　　　哦～，我也不知道。

　　　（幼兒七嘴八舌，一陣討論）

老師：我們明天去的地方，是一個教授的實驗
　　　室裡面，他的實驗室裡面有很多很多的
　　　小昆蟲，包括有很多……螢火蟲、其他
　　　的昆蟲，還有一些標本，有一些是你沒
　　　有見過的昆蟲，我希望你們明天去的時
　　　候，仔細看一下，想想你們現在講的問
　　　題，螢火蟲到底哪裡會發光？然後再順
　　　便看看其他的小昆蟲，看看有沒有你認
　　　識的小昆蟲，好不好？

幼兒：好。

老師：好，要仔細看看螢火蟲長什麼樣子，有
　　　多大哦，哪裡發光哦？還有是從什麼時
　　　候開始發光哦？然後還要去看什麼？

幼兒：牛。

老師：我想請問你，隨便一隻牛都可以來擠牛
　　　奶嗎？

幼兒：要母的。

老師：一定要母的才可以擠牛奶？

幼兒：公的也可以。

老師：公的也可以？

　　　（幼兒七嘴八舌，一陣討論）

老師：我現在不是說有沒有牛奶，我想知道的是，公的有沒有ㄋㄟㄋㄟ？

幼兒：有。

老師：有ㄋㄟㄋㄟ，可是牠的ㄋㄟㄋㄟ裡面有沒有牛奶？

幼兒：沒有。

老師：沒有，你怎麼知道？

幼兒：男生沒有。

老師：男生有ㄋㄟㄋㄟ，可是沒有奶水？

幼兒：對。

老師：真的嗎？

幼兒：真的。

老師：所以可以擠牛奶的是⋯⋯

幼兒：女生。

老師：真的嗎？我隨便抓一頭母牛都可以擠牛奶哦？

幼兒：不是。

幼兒：一定要大的，不能小的。

老師：一定要怎樣？一定要生過小牛的才有牛奶可以擠，我想請問筑⋯⋯（被打斷）

幼兒：不行像普通的牛。

老師：什麼叫做不行像普通的牛？

幼兒：不行像我們去看動物園的那種牛。

老師：那要像怎麼樣的牛才可以擠牛奶？

軒：像黑跟白的那種牛。

齊：乳牛。

老師：乳牛？誰說的？齊說的。齊，你是說身
　　　上有黑黑的白白的，那種叫做乳牛？你
　　　說的是乳牛嗎？可以擠牛奶給我們喝的
　　　叫乳牛嗎？

幼兒：對。

老師：軒，你為什麼說只有那種身上有黑黑白
　　　白的牛，就是齊說的乳牛，擠出來的牛
　　　奶才能給我們喝？為什麼？

幼兒：對呀，因為那種牛是專門給人用，檢查
　　　過的。

老師：檢查過的？

幼兒：那個有細菌，檢查過了就可以。

老師：我問你如果是別的牛，牠也可以擠得出
　　　牛奶，我們可不可以喝？

幼兒：不行，一定要消毒過。

老師：一定要消毒過才能喝，但是不一定要乳
　　　牛才能擠牛奶給我們喝嗎？

幼兒：不一定。

　　　（丁老師插入問題）

丁老師：像老師家以前都會養那種黑黑的牛，我
　　　　小的時候，那頭牛是專門幫我們種田的。

幼兒：那種牛不行。

幼兒：那種牛是幫人家做工的。

丁老師：可是牠也會生小牛。

靜：牠會生小牛，可是牠沒有牛奶。

丁老師：可是我看小牛也去喝牠的ㄋㄟㄋㄟ。

雅：想不出來了……

老師：牛可以讓我們喝牠的牛奶，但是我很好奇，怎麼樣的牛，就像剛剛齊說的，牛奶給小牛喝完之後，還夠我們人來喝嗎？明天去問教授就知道了，這是一個好辦法。我們就來認識牛奶是怎麼來的？所有的牛奶都可以拿給我們喝嗎？然後，筑，你剛剛為什麼說，那頭牛一定要生過小孩才會有牛奶？為什麼？

幼兒：乳牛才會生小孩。

老師：乳牛才會生小牛？

幼兒：牠的奶是要給小牛喝的啊。

老師：牠的奶是要給小牛喝，所以生過小牛的牛，才有奶給小牛喝？就像你們說的，我們明天……可是我很好奇，你知道牛奶是從哪裡擠出來的嗎？

幼兒：我知道，從牠的身體裡面。

老師：牛奶是從屁股擠出來的？

（幼兒七嘴八舌，一陣討論）

老師：你們來看媛，媛說得很清楚，媛你再把剛剛的動作做一次。

媛：牛就是這樣子四隻腳，牠的奶是從這裡（指著自己的胸部）……

（這時軒做出擠牛奶的動作，老師和幼

兒哄堂大笑）

老師：你剛剛的動作很標準呀！來，你來擠給
　　　我們看。

　　　（老師和幼兒哄堂大笑）

老師：你有看過怎麼擠牛奶嗎？

　軒：有。

老師：我們都沒有看過，你們仔細看，看明天
　　　擠牛奶的人和軒表演的有什麼不一樣？

　　　（老師和幼兒哄堂大笑）

老師：剛剛軒說牛有幾個ㄋㄟㄋㄟ？

幼兒：六個。

老師：你怎麼知道有六個？哦！你在書上數過
　　　有六個ㄋㄟㄋㄟ，然後就用手這樣擠。

　　　（幼兒七嘴八舌，一陣討論）

老師：要帶手套哦！

　　　（幼兒七嘴八舌，一陣討論）

老師：光說，要先放音樂給牛聽，牠才會讓你
　　　擠牛奶。

　　　（幼兒七嘴八舌，一陣討論）

老師：你們聽到了……

　　　（幼兒七嘴八舌，一陣討論）

老師：牠在吃草的時候來擠是不是？

　　　（幼兒七嘴八舌，一陣討論）

老師：軒說，擠牛奶的時候要先用一點點草給
　　　牠吃，再去輕輕地擠牠。但是光說，擠
　　　牛奶的時候要把牠的手跟腳綁起來，才

可以擠牛奶。

幼兒：那牠怎麼站著吃草呀？

老師：我也沒有看過怎麼擠牛奶，所以明天我
們去看的時候……你們還沒有回答我，
牠可以擠牛奶的地方叫什麼？叫肚子？
……叫ㄋㄟㄋㄟ。

（幼兒七嘴八舌，一陣討論）

老師：有一件事情更重要，請你的腦袋回去想
問題，你有什麼要請教教授的，譬如說，
螢火蟲在春夏秋冬哪一個季節最多呢？
牠都在什麼時間生寶寶呢？還有，牠是
生蛋呢？還是生螢火蟲寶寶呢？所以回
家去想一想問題，明天去請教那兩個教授。

 分組活動

1. 小雞組

幼兒先將小雞從大紙箱抓到小紙箱，再將大紙箱裡
已經髒掉的報紙換掉，鋪上乾淨的報紙。接著，又幫小
雞量身高。

老師：今天要不要量身高？

軒：要！用尺量。

老師：用尺量？去拿工具吧，然後找一把尺來量。

（軒抓著一隻小雞，靠在紙箱旁，老師
將尺貼在紙箱）

老師：到那裡？你覺得牠到那裡？是到「水」
　　　那裡嗎（紙箱上印的「水」字）？

　軒：誰要幫我扶著？

老師：我幫你扶。

　　　（怡伸出雙手幫忙扶小雞）

　軒：眞的，到水那邊。

老師：好，我們看看到水那邊是多少？這裡。
　　　剛才這裡（指著尺上的刻度）是那裡？
　　　從這裡到這裡，一、二、三……七、八、
　　　九，好，九。

　　　（軒又抓來一隻小雞）

老師：這隻比較高耶！

　軒：誰幫我扶著。

　　　（怡伸手幫忙）

　軒：到十二那邊。

老師：好，這是十二。

　軒：十二公斤。

老師：十二公斤？

　軒：十二公斤。

老師：公分。

　　　（佩抓來她們的小雞）

老師：這裡嗎？

　　　（佩點頭）

老師：好，多少？

　佩：十三。

老師：好，十三。

（文也抓雞來量體重）

老師：多少？

文：差不多十三喔。

之後，幼兒又進行觀察記錄。此外，有的小組又幫他們的小雞量體重。

2. 蝸牛組

老師和幼兒圍坐在桌前，小桌上放著蝸牛飼養箱，老師手中拿了一條紅蘿蔔。

幼兒：蝸牛吃什麼顏色，牠就會大什麼顏色。

老師：你怎麼知道？所以你看老師準備了這兩種顏色，我們來做實驗，好不好？但是我們要先解決一個問題，你們說蝸牛會換殼，真的會換殼嗎？老師這裡有一本書，老師念給你們聽：「蝸牛需要吸收鈣質來製造外殼，鈣質是什麼？一般都從食物中攝取，不過牠會去石灰岩地帶，為什麼牠要去石灰岩地帶？為什麼牠要去石頭上面？是為了吸取更多的鈣質。」

瑜：老師，你說牠會去石頭上面，牠真的爬到石頭上面了。

老師：喔！真的？你昨天放石頭是這個原因嗎？

瑜：對。

老師：你怎麼知道？

瑜：我看這個（指著書本）。

老師：你有看這個（書）喔？

　瑜：對。

老師：不錯喔！它又說蝸牛喜歡日落後出來活
　　　動。日落是什麼？太陽下山叫做日落。
　　　然後它說，牠比較喜歡在潮濕的地方，
　　　下過雨或早上才會出來。你看！牠喜歡
　　　吃什麼？這是什麼（指著圖）？

幼兒：蘋果。

老師：蔬菜牠都喜歡吃，台灣的菜農很討厭牠，
　　　為什麼？

幼兒：因為牠會偷吃。

老師：蝸牛是什麼都吃的，可以吃昆蟲、腐肉。
　　　腐肉是什麼？

　筑：不知道。

　瑜：豬肉。

老師：就是爛掉的肉。你看，還有，牠能夠爬
　　　特技。

幼兒：喔！

老師：我們要不要來做這樣的實驗？

　瑜：好啊。

 ## 屏東科技大學參觀之行

　　當天早上風和日麗，陽光燦爛，師生乘坐遊覽車，
前往屏東科技大學。抵達之後，首先參觀昆蟲館。昆蟲
館裡有活生生的螢火蟲和其他昆蟲的標本。陳仁昭教授

和他的助理親切地為幼兒解說，幼兒也熱烈地發問。離去時，陳教授贈送師生們六隻活的蟋蟀。

接著前往畜牧場參觀擠奶的過程，因為前些時候口蹄疫盛行，所以參觀者都必須穿上場方所準備的紙衣和塑膠鞋，進入之前還要踩過消毒水。參觀當時，也有專人解說，幼兒也問了一些問題。

最後，前往「流浪動物保護區」參觀，那裡收容的是被主人棄養的動物，這些動物大多是年幼時被走私進口，長大後因體形龐大且攻擊力強而遭棄養，其中有些還是保育類動物，有紅毛猩猩、長臂猿、老虎、綠蠵龜、台灣獼猴……等等。由獸醫帶領幼兒參觀並且解說，他同時呼籲參觀者不要任意棄養動物。

圖3-16　穿這樣的衣服和鞋子，才不會把病菌傳染給乳牛。

屏東科技大學參觀後之分享

　　討論昨天在屏東科技大學參觀所見，老師提出各種問題，討論之中幼兒反應熱烈。

老師：所以喔，我們知道公牛有ㄋㄟㄋㄟ，只是我們看不到，它退化掉了。好，再考考你們，我們去看螢火蟲，對不對？

幼兒：（齊聲）對。

老師：好，螢火蟲是在卵、還是幼蟲、還是變成螢火蟲的時候會發光？

　　　（七嘴八舌，一陣討論）

老師：請筑說。

幼兒：（一起）不一定。

老師：怎麼說不一定呢？

幼兒：⋯⋯

老師：喔，有注意聽喔。昨天我聽到，那個哥哥說的跟筑說的是一樣的。我有問那個哥哥，我問他說螢火蟲到底是什麼時候發光？他不是告訴我們，要用手蓋起來才會看到蛹發光，對不對？

幼兒：對。

幼兒：要暗暗的才會發光。

老師：結果那個哥哥說不一定喔。

　　　（七嘴八舌，一陣討論）

幼兒：母的會一個亮光而已。

幼兒：你不要講啦。

老師：因為螢火蟲有很多種，就像我們人類有很多種，有我們中國人，也有像美國人那種皮膚比較白的，也有像非洲人，都不一樣，有的螢火蟲在卵的時候就會發光，有的螢火蟲在幼蟲的時候才會發光，有的變成螢火蟲的時候才會發光，像我們昨天看的那個，蛹的時候就會發光，像蠶寶寶一樣自己會造一個房子，那個蛹就會發光。所以每一種螢火蟲都不一樣。再來喔，請問你，公的跟母的螢火蟲怎麼分辨？

幼兒：我知道。

老師：弘說。

幼兒：……

老師：有沒有聽到弘說的？

幼兒：沒有。

老師：沒有喔，再說一次給你聽，弘說，昨天那個哥哥有說怎麼分公的、母的螢火蟲。母的螢火蟲會發光的地方只有一片，公的螢火蟲會發光的地方有兩片。

幼兒：對！

老師：對，牠要吸引女的螢火蟲，所以牠要讓自己亮一點，女生的螢火蟲就會看到牠，就會喜歡牠喔，我們都好清楚喔。好，

再問你，螢火蟲有沒有觸角？

幼兒：（齊聲）有。

老師：什麼是觸角？

　光：就是像這個（雙手在頭上比兩隻觸角的
　　　樣子）。

幼兒：就是蟑螂前面有兩支。

老師：蟑螂前面有兩支。

　　　（七嘴八舌，一陣討論）

老師：來，請問你，螢火蟲有幾隻腳？

幼兒：（齊聲）六隻。

老師：牠是昆蟲嗎？

幼兒：（齊聲）是。

老師：爲什麼六隻腳就是昆蟲？

　光：那個大哥哥說的。

　　　（七嘴八舌，一陣回答）

老師：來，媛說。

幼兒：所有的昆蟲都是六隻腳。

老師：所有的昆蟲都是六隻腳。

　筑：所有的昆蟲都有觸角。

老師：所有的昆蟲都有觸角，所有的昆蟲都有
　　　六隻腳，所以我們昨天看到的螢火蟲是
　　　不是昆蟲？

幼兒：是。

老師：是喔？請問你獅子是不是昆蟲？

幼兒：（齊聲）不是。

老師：獅子是什麼？

幼兒：（齊聲）動物。

老師：獅子是動物，請問你什麼是動物？

雅：四隻腳的。

文：會動的，有生命的。

老師：四隻腳的就是動物？小雞是不是動物？

幼兒：不是。

幼兒：是。

老師：小雞……

幼兒：小雞是動物。

幼兒：可是牠為什麼只有兩隻腳？

老師：對啊，所以我問你們，動物都有四隻腳嗎？

雅：兩隻腳、四隻腳的都是動物。

軒：老師我們也有四隻腳。

媛：這個是手耶。

老師：我覺得文說的不錯，會動的，有生命的
　　　是動物。（七嘴八舌，一陣討論）所以
　　　說會動的，有生命的都是動物，這樣說
　　　應該就會比較清楚一點。後來我們又去
　　　哪裡呢？

幼兒：麥當勞。

老師：我們不是有去那個野生動物收容中心，
　　　我們去看那些保育類野生動物，對不對？

幼兒：對。

老師：看到什麼東西？

幼兒：紅毛猩猩。

　　　（七嘴八舌，一陣討論）

幼兒：蜥蜴。

幼兒：長臂猿。

幼兒：老虎。

幼兒：獅子。

幼兒：（齊聲）老虎啦。

老師：老虎還是獅子？

幼兒：（齊聲）老虎。

老師：你們怎麼分辨老虎跟獅子？

幼兒：就是有鬃毛的就是獅子。

幼兒：（一群）老虎的身上有條紋，獅子沒有。

老師：喔，老虎的身上有條紋，獅子沒有，而且獅子的頭旁邊有鬃毛，老虎沒有！所以我們昨天看到的是老虎。好，來，我來問問看，軒，你對什麼印象最深刻？我們昨天去看螢火蟲，去看擠牛奶，去看保育類動物，你對哪一種印象最深刻？

　軒：野生動物的。

老師：野生動物的？裡面有那麼多種動物，你對哪種印象最深？

　軒：紅毛猩猩。

老師：你對紅毛猩猩的印象最深刻，為什麼？

　軒：因為牠太恐怖了。

老師：恐怖？為什麼？

　軒：因為牠的手很長，力氣很大。

老師：喔，因為那個江醫生說牠的手很長，力氣很大，你怕會被牠抓去，對不對？（七

嘴八舌，一陣討論）好，那再來問一個，
你對什麼印象最深刻？

幼兒：老虎。

老師：老虎住的牆壁為什麼黑黑的？

幼兒：牠的尿尿。

幼兒：牠在尿尿做記號。

老師：為什麼牠要尿尿做記號？

　　　（七嘴八舌，一陣討論）

老師：牠尿尿代表那是牠的地盤，別人不要過
　　　來了，這邊都是我的地盤了喔，你們不
　　　要過來喔。

幼兒：尿尿很臭喔。

老師：尿尿很臭喔。我再來問一個人，安，你
　　　對什麼印象最深？（七嘴八舌，一陣討
　　　論）再來問，佩。

幼兒：長臂猿。

老師：你對長臂猿印象最深刻，為什麼？

　　　（七嘴八舌，一陣嘈雜）

老師：紅毛猩猩的顏色是什麼顏色？

幼兒：黑的。

幼兒：咖啡色。

幼兒：為什麼台灣獼猴的尾巴會斷掉？

老師：誰來告訴他？

幼兒：我知道，牠打架。

老師：除了打架還有什麼原因？

　　　（七嘴八舌，一陣討論）

老師：好，文說。

幼兒：是陷阱。

老師：什麼陷阱？

幼兒：獵人做的陷阱。

　　　（七嘴八舌，一陣討論）

幼兒：牠踩到陷阱的時候，腳就會斷掉。

幼兒：牠打架打一打，咬啊咬，會受傷，尾巴
　　　就會斷掉。

老師：好，你們說的台灣獼猴的腳、尾巴，爲
　　　什麼會斷掉，除了牠們自己因爲打架彼
　　　此會咬，因爲牠們的尾巴最脆弱，牠們
　　　會去咬對方的尾巴，被咬到萬一沒有辦
　　　法把牠醫好，這尾巴受傷太嚴重，醫生
　　　只好把尾巴切斷。或者牠們還沒有被抓
　　　來之前，本來在森林裡的時候，有不好
　　　的獵人會來抓牠們，在森林裡設陷阱，
　　　然後這些台灣獼猴都不知道。有時候他
　　　們把它隱藏在草裡面，或者掛在樹上的
　　　什麼地方，那萬一牠們不曉得，碰到了，
　　　「卡！」一聲，咬住了，牠的腳、手和
　　　尾巴都會受傷，夾到哪裡，哪裡就受傷。

幼兒：會流血。

老師：所以我們看到台灣獼猴，有的是腳斷掉，
　　　有的是手斷掉。（一陣討論）好，來，
　　　這樣我要請你們來做一件事，今天星期
　　　六時間很快會過，我還要各組，像上次

　　　　一樣，明天放假對不對？小動物要怎麼辦？

幼兒：帶回家。

老師：像上個禮拜一樣，小雞組等一下自己去
　　　討論，怎麼帶回家？蠶寶寶組自己討論，
　　　蝸牛組的自己討論。

幼兒：蝸牛組已經討論好了。

老師：好，現在還有一件事，（拿起一疊紙），
　　　這是什麼？

幼兒：紙。

老師：等一下一個人一張紙，我們昨天去了三
　　　個地方，對不對？

幼兒：對。

幼兒：要把它畫下來。

老師：對，你怎麼知道？

幼兒：我看到你拿紙我就知道了。

幼兒：要畫動物。

老師：喔，不一定要畫動物，你昨天看到什麼
　　　印象最深刻？你對什麼印象特別深刻，
　　　你就畫下來。（七嘴八舌，一陣嘈雜）
　　　像我，我對螢火蟲，對乳牛印象都很深
　　　刻，我可不可以畫這個？

幼兒：可以。

老師：如果我對大蜥蜴和紅毛猩猩都有印象，
　　　我可不可以畫兩種？

幼兒：可以。

老師：如果對老虎，蜥蜴，長臂猿這三種都很

有興趣，我可不可以畫這三種？

幼兒：可以。

老師：但是，你畫出來要讓我看得懂這個是長
　　　臂猿，所以你要畫你印象最深刻的，你
　　　最喜歡的，你就把牠畫下來。我現在去
　　　放圖畫紙的地方就是可以坐人的地方，
　　　好不好？

幼兒：好？

　　之後，幼兒各自畫出昨日參觀所看到印象最深刻的
動物。

圖3-17　軒說乳牛有六個ㄋㄟㄋㄟ，我們看到的乳牛都是
　　　　四個ㄋㄟㄋㄟ。

圖 3-18 　屏東科技大學的動物好可愛。

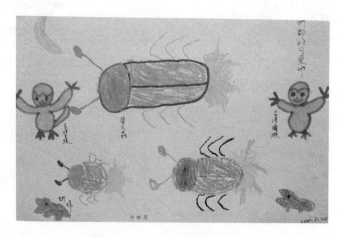

圖 3-19 　你知道嗎？螢火蟲有很多種。

植物成長過程的回顧

　　老師先拿出一組向日葵的照片以及一組波斯菊的照片（這些照片是拍自幼兒種植的植物，在植物生長的各個階段拍攝的），請幼兒依照生長順序加以排列（波斯菊和向日葵都是在「植物的生長」這個主題結束時才陸陸續續開花的，目前進行的主題「動物的成長」也是涉及生長的概念，所以老師將這兩種植物的生長過程加以回顧，一方面作為將來和動物的生長過程比較之基礎）。

　　接著老師又拿出一位幼兒的畫，這張畫是幼兒在植物的種子種下不久，想像所種的植物將來長大的樣子所畫的。

老師：這個是波斯菊現在的樣子，對不對？我
　　　們來看一下，我們那個時候是不是有請
　　　小朋友想像你的植物長大的樣子？那是
　　　植物很小的時候，你們畫的，對不對？
　　　你看，這個是波斯菊喔。怡的波斯菊，
　　　這是怡想像她植物長大的樣子，你看看
　　　現在的波斯菊跟怡以前想像的有什麼不
　　　一樣？因為她以前沒有看過波斯菊長大
　　　的樣子，她沒有看過對不對？這是怎麼
　　　樣畫出來的？
幼兒：用頭腦想的。
老師：用頭腦想的，她沒有看過波斯菊啊，所

以只好想一想它將來會長得怎麼樣子，
你看，這是筑的，我還一直講怡的，怡
是綠豆對不對？筑，她想波斯菊長大的
樣子是怎樣子的？好，你幫我看看，這
個跟這個有什麼不一樣？

幼兒：有，那一個比較矮，而且它沒有葉子，
它有葉子。

老師：它有葉子，它沒有，好，還有呢？筑說。

筑：那個波斯菊下面有葉子，還有花瓣。

老師：它有花瓣，筑畫的沒有，是不是？因為
那個時候，他們剛種，還不知道花瓣會
長得怎麼樣？還有呢？好，頻。

頻：大部分畫葉子的時候，筑畫的不是一坨
坨的，是一根根的。

老師：但是她沒畫到葉子，那是它的根啊。

頻：如果她有畫到……

老師：因為她在畫的時候，不知道葉子會長得
怎樣，所以她在畫葉子的時候只會畫下
面那樣的，對不對？

幼兒：波斯菊是紅色的，它是白色的。

老師：波斯菊只有一種顏色嗎？

幼兒：兩種，一種是深橘色，一種是粉紅色。

老師：我們還有其他顏色，對不對？但是它是
每一片花瓣都不一樣嗎？

幼兒：對。

老師：它是每一片花瓣都不同顏色嗎？

幼兒：不是。

老師：是嗎？

幼兒：不是。

老師：你的波斯菊每一片花瓣的顏色都不一樣
　　　喔？不是吧？對不對？老師看波斯菊的
　　　花瓣，黃色的就全部都是……

幼兒：黃色。

老師：紅色的就全部花瓣都是……

幼兒：紅色。

老師：上次還有開一朵紫色的，對不對？它的
　　　花瓣全部都是紫色的，好，這是筑想像
　　　波斯菊長大的樣子，畫不好沒有關係，
　　　我覺得我很喜歡的是她會去想像，把想
　　　像的畫下來，好，現在，我們要去畫它
　　　現在的樣子了。

　　幼兒紛紛去拿畫板到戶外觀察，畫下所種的植物現
在（長大）的樣子。畫完回到教室，老師展示與比較幾
位幼兒以前憑想像所畫的「植物長大的樣子」與剛剛根
據實際觀察而畫的「植物長大的樣子」。然後，再請每
位幼兒將自己所畫的這兩張圖加以比較。

 蝸牛產卵了

老師：等一下，我們就要去照顧小動物了，我
　　　還要告訴你一個消息。

幼兒：蝸牛生蛋了。

老師：沒錯，我們的蝸牛生蛋了，蝸牛有一件
很好玩的事情，蝸牛組的人在做什麼實
驗你知道嗎？

幼兒：我們也有做實驗啊。

老師：告訴你，我們做了什麼實驗喔！我們放
紅蘿蔔下去，那天都沒有給牠吃別的東
西，只有給牠吃紅蘿蔔，對，昨天大出
來的便便竟然是紅色的。

（幼兒七嘴八舌，一陣討論）

老師：我們昨天就放小黃瓜，小黃瓜是什麼顏色？

幼兒：綠色。

老師：等一下我們去看一下我們蝸牛的便便是
不是綠色？

幼兒：吃什麼就大什麼顏色。

老師：今天文好高興來跟老師說，我們的小雞
都長尾巴了，手還這樣子喔！我就說真
的嗎？我就跑去看，真的喔！剛開始的
時候，我不知道你們還記不記得？

（幼兒七嘴八舌，一陣討論）

 分組活動

1. 蝸牛組

蝸牛在星期日開始陸續產卵（根據週末帶蝸牛回去
照顧的幼兒所說），幼兒非常興奮。

　筑：蝸牛在生了耶！老師，蝸牛在生了耶！

　筑：透明的。

老師：透明的，我們以前是不是有看過蝸牛的
　　　書？它像不像？

研究者：這個嗎？

　筑：這個是，這個也是，還有這個。

老師：不知道哪一隻生的，我們也沒有看到牠
　　　們交配，星期一來的時候，他們就說裡
　　　面有蛋。

飼養箱裡插著小黃瓜片。師生邊觀察蝸牛，邊談論著。

老師：牠在做什麼？

幼兒：牠可能要吃小黃瓜。

　媛：好可愛喔！上面有那兩根眼睛，下面有
　　　兩根小小的，然後那兩根小小的就碰在
　　　一起，那兩隻就碰在一起。

老師：爲什麼會碰在一起？

　媛：因爲有兩隻蝸牛牠們上面不是都有兩根
　　　長長的眼睛，下面也有兩根小小的，牠
　　　們兩隻小小的就碰在一起了。

老師：碰在一起在做什麼？

　媛：我就是看到牠們兩個碰在一起，然後，
　　　我媽媽就說牠們在交配。我們的蛋都分
　　　散開來，不是擠在一起的。

　　　（筑、瑜、仲在作觀察記錄，筑的圖畫

　　　　上有綠色圓圓的圖形）

老師：這是什麼？

　筑：小黃瓜，牠從小黃瓜上面爬過去。

　媛：牠的嘴巴很小。

　　　（瑜拿著一枝插有小黃瓜的牙籤，小黃
　　　瓜上附著一隻蝸牛）

老師：你説這是什麼？

　瑜：小黃瓜。就爬過去。

老師：有沒有看到蝸牛在吃東西？

　瑜：牠是從最軟的地方開始吃的，哇，還吃
　　　得滿大口的。

老師：牠吃很多了。

　瑜：我也不知道啊，因爲牠在上面吃呀。

老師：那牠要吃多少才會飽？

　瑜：我也不知道，吃到破洞洞。

　　　（筑、瑜的圖畫上有一些白色的圓點）

老師：那是什麼？

　筑：蛋蛋。

老師：你畫了幾顆？

　筑：十八顆。

老師：十八顆，你們數過了一共有十八顆？

　筑：一、二、三、四、五、六、七、八、九、
　　　十、十一、十二、十三、十四、十五、
　　　十六、十七、十八……

圖 3-20　蝸牛生蛋了

2. 蠶寶寶組

紙盒裡有難以計數的白色蠶，以及吃剩的一點點桑葉。

幼兒正在作觀察記錄，庭和璋各自抓出一隻蠶放在圖畫紙上邊看邊畫。

3. 小雞組

星期日將小雞帶回家照顧的一位幼兒，觀察到小雞長出尾巴，很高興地向老師報告。老師和幼兒討論小雞成長的變化。此外，老師想讓小雞去沙浴，也先和幼兒討論。

　　文：禮拜六，我阿嬤說小雞有長尾巴，然後

　　　　我去看，摸摸看，咦！真的有。

　老師：真的喔？尾巴也長出來了，是不是？

幼兒：尾巴也往這邊翹，像狗狗一樣放輕鬆的
　　　時候，尾巴是往這邊翹，現在是變成這
　　　樣的了。

老師：兩邊開開的了。

幼兒：對呀。

老師：哦！你發現牠有不一樣的地方？所以你
　　　看小雞，本來是小小的，現在長大的時
　　　候不只變大。

幼兒：還有改變牠身體的樣子。

老師：改變牠身體的樣子，還有你看到的，你
　　　覺得牠有長高嗎？

頻：沒有。

老師：有沒有人覺得牠長大有什麼不一樣？有
　　　沒有感覺牠有變重？

幼兒：有。

老師：你怎麼知道？

幼兒：因為我感覺牠的肉變大了。

老師：肉變大了哦，所以牠就變胖了哦。你這
　　　樣就感覺牠變胖了哦？我們上次有秤過
　　　對不對？

幼兒：有～

老師：今天我們再來秤一下，看到底多胖了，
　　　好不好？可以順便量量牠的身高，注意
　　　看牠的身體是不是有像頻和文講的那種
　　　變化，這是第一件事。第二件事，剛才
　　　丁老師有講帶小雞去散步，對不對？你

知道為什麼要帶小雞去散步嗎？

幼兒：因為牠很無聊啊。

老師：喔！牠很無聊啊？

幼兒：但是牠已經有朋友了。

老師：牠有朋友了，想要出去玩，你們想不想帶牠出去散散步呢？

幼兒：想～

老師：這個是軒帶來給我的。（老師拿出一本書）軒他們家訂的書，裡面就有大雞小雞的事。軒，你有發現這裡嗎？你看過了嗎？跟我講的有一樣嗎？

軒：有啊。

老師：有一樣耶，好。

幼兒：老師，我們可以做玩具給牠玩。

老師：要做什麼樣的玩具給牠玩？

軒：可以動的玩具給牠玩，像我們以前都是小鳥籠，現在玩的那個「拼拼」啊。

頻：裡面給牠種一些假食物，讓牠爬爬看……

軒：用一條繩子放在那，牠就會去抓來玩……

老師：反正你要做玩具讓牠玩就對了，是不是？好，沒問題。有一件事情很重要，除了做玩具讓牠玩以外，這本書上說小雞……你平常身體不乾淨的時候，都怎麼處理？

幼兒：洗澡。

老師：牠需不需要洗澡？

幼兒：需要。

圖 3-21　出生兩天的小雞。

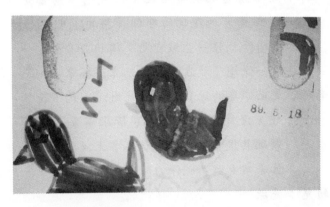

圖 3-22　小雞長尾巴了！

軒：一盆水，放進去，讓牠玩水，就是在洗澡。

頻：牠不喜歡這樣啦。

老師：牠不喜歡這個樣子，你怎麼知道呢？

幼兒：它這邊有寫（指書上的文字說明）。

老師：你會看嗎？

幼兒：我不會看國字，叫筑來看。

文：我慢慢看。

老師：我們剛剛講的是我們人類處理身上不乾淨的方法，就是洗澡，用水洗……

（文慢慢地讀著書上的說明）

老師：看到了嗎？文，你看到了嗎？

文：用沙子洗。

老師：書上說用沙子洗，我唸給你聽：「身上好癢哦！用沙子洗一洗吧！雞的洗澡方法跟人類不一樣。」就是跟你們剛才講的用水洗一洗是不一樣的，不是用水來洗，是用沙子來摩擦。

軒：哦！我知道，摩擦那些蟲就掉下來。

老師：所以身上一有髒東西，牠就會用身體立刻在沙地上「摩一摩」。

文：嘿！帶牠去沙地。

老師：帶牠去沙地讓牠洗澡，所以，去掉髒東西是靠沙子不是靠……

幼兒：水

老師：不是靠水哦。「有時候，牠會用嘴，或是腳爪子整理牠的毛」這樣才會整理乾淨。

文：我真的有看到牠整理牠的毛耶。

老師：你真的有看到喔？

文：有啊。

老師：雞洗澡的方式是跟我們不一樣的。

幼兒：我們是用水洗，雞是用沙子洗。

然：把沙子弄進來。

老師：現在然又說把沙子弄進來，就有兩個方
法了，剛才文說直接帶牠去沙地。

討論完後，師生合作先幫小雞秤重量。幼兒抓來小
雞放在磅秤上。

老師：多少？

幼兒：二十。

老師：二十？五十過來咧？

老師：七十，對不對？

老師：這是幾號？

幼兒：四號。

（另一隻小雞秤重量）

老師：多少？差點就一百了，三、五、六、七、
八、九是不是？

幼兒：這一枝（指針）在這裡耶！

（一號小雞秤重量）

軒：好重喔！

老師：很重了喔！趕快看喔！長很大了喔！

（五號小雞秤重量）

老師：趕快看！看裡面紅色的。

　ㄨ：一百。

最後，師生一起將小雞帶到戶外的沙坑進行沙浴。

 ## 生長的量變與質變

老師出示所種植物和所養動物在生長過程所拍的照片，請幼兒排出植物和動物的生長過程，並且和幼兒討論生長的質變與量變。

接著，老師請小朋友拿彩色筆及圖畫紙，畫出圖形（符號）代表生長的質變或量變。

老師：現在我要請你在你的圖畫紙上面畫一個
　　　圖形，這個圖形不是叫你畫蠶寶寶，我
　　　請你畫一個圖形，想一想，什麼叫圖形？

幼兒：形狀。

老師：形狀？什麼形狀？

幼兒：三角形。

幼兒：圓形。

幼兒：正方形。

幼兒：愛心形。

　　　（小朋友說出一大堆圖形）

老師：現在你想一個圖形，代表小蠶寶寶，我
　　　不是請你畫蠶寶寶，我是請你畫一個圖
　　　形代表小蠶寶寶。

（小朋友紛紛畫起來）

老師：畫好沒？

幼兒：好了。

老師：光是畫圖形，等一下我要你畫一個小箭頭（老師在黑板上畫○→）

幼兒：小箭頭。

幼兒：小箭頭要畫在旁邊喔？

老師：對！請你再把大蠶寶寶變在它的旁邊。你剛剛畫的是小蠶寶寶，對不對？請你把那個圖形變成大蠶寶寶。

雅：大蠶寶寶？

老師：對！請你把那個圖形變成大蠶寶寶。

幼兒：好了。

老師：請你畫一個圖形代表波斯菊小時候的樣子。

幼兒：怎麼畫？

老師：都可以。

老師：好了沒？

幼兒：好了。

老師：用一個圖形代表波斯菊長大的樣子。

幼兒：要不要用箭頭？

老師：要！它長大和小時候有沒有一樣？

幼兒：不一樣。

老師：接下來我們要畫我們最喜歡的東西。

（老師將雞蛋和小雞的照片貼到黑板上）

幼兒：（齊聲）小雞。

老師：小雞小時候和長大的時候有沒有一樣？

（老師指著雞蛋和小雞的照片）

幼兒：（齊聲）沒有。

老師：現在我要小朋友畫一個圖形代表雞蛋。

（幼兒趴在地上畫）

幼兒：圖形。

　光：我要畫菱形。

老師：現在畫一個圖形代表小雞孵出來了。

幼兒：要畫箭頭嗎？

老師：要。

幼兒：要畫不一樣的形狀嗎？

老師：你看看樣子有沒有一樣啊？

幼兒：沒有。

老師：再來，再畫一個箭頭，再畫小雞現在的
　　　樣子。

 分組活動

1. 蝸牛組
幼兒在整理蝸牛飼養箱。

老師：把菜拿起來，小心點，不要碰到蛋喔。

　庭：唉唷！那裡有一撮。

老師：這裡又一撮喔。

媛用牙籤插小黃瓜在她們的飼養箱，另一小組的筑
和瑜在作觀察記錄。

飼養箱裡插了四枝牙籤，每枝牙籤上又插了一片小黃瓜。

媛：我又看到一顆蛋，這裡，這裡，這兩顆，
　　又看到一顆。

靜拿著放大鏡在看他們那組的蝸牛。

2. 蝌蚪組

齊和彥共同翻閱一本有關海底世界的圖書，真和另一女童在一旁各自翻閱自己的書。

仰用小水桶提水來，倒入水族箱。

3. 小雞組

小雞不斷地從紙箱跳出來，眾多幼兒在紙箱四周圍觀。

文：小雞剛剛跳上去耶，牠自己跳上去，有
　　一次牠還用飛的。
　　（幼兒將小雞裝入小紙箱，準備帶去戶
　　外沙坑作沙浴）
　　（好幾隻小雞跳到紙箱上面，其中一隻
　　再跳到桌面，圍觀的眾多幼兒拍手）
宇：好酷喔！

怡讓小雞停在右手上，又一隻小雞跳上紙箱的蓋子，齊、怡去摸，齊把小雞抓入紙箱。幼兒一直在觀看小雞跳上紙箱的蓋子。

接著，丁老師和小雞組的幼兒一起帶著小雞再度去

戶外沙浴。幼兒先將大紙箱上面的蓋子切掉，再將底部也切除，呈中空狀，蓋在沙坑上，六隻小雞全部被關在紙箱裡，以防牠們亂跑。

 小雞長雞冠了

戶外遊戲時間尚未結束，雅提早回到教室和小雞玩。突然雅發現有一隻小雞長了小小的雞冠，她興奮地告訴老師和幾位在教室的幼兒。當其他幼兒回到教室時，這個消息馬上傳開了，所有的幼兒都湧到紙箱旁，爭著要看小雞的雞冠。

圖 3-23　小雞長雞冠了！

製作植物的生長小書

老師和幼兒討論如何製作植物的生長小書之封面。

老師：我們要把上次整理的觀察本做成一本書。
這本書的作者如果是王亭，我們就要在
這本書上面寫作者王亭，這樣我們就可
以做一本書了。今天要請小朋友幫忙做
書的封面和封底，在這本書的封面上，
老師已經幫你們每位小朋友都照了一張
照片（老師拿出一張照片）。你看這是
蛇瓜組的跟他們很可愛的蛇瓜照相。還
有向日葵組的、雞冠花組的、波斯菊組
的、綠豆組的，如果你是雞冠花組的，
你要寫什麼？（老師指著做書封面的紙）

幼兒：雞冠花。

老師：向日葵組的？

幼兒：向日葵。

老師：如果你是小白菜組的？

幼兒：小白菜。

老師：如果你是蛇瓜組的？

幼兒：蛇瓜。

　　　（老師將一張做封面的紙以磁鐵夾在黑
板上）

老師：老師會給你一張字條，（老師手中拿著

　　一張字條）上面寫……

幼兒：蛇瓜的生長小書。

老師：（指著封面紙的上方）上面寫蛇瓜的生
　　　長小書。

　　　（老師在黑板以不同方式寫，讓幼兒比
　　　較哪個方式別人比較看得懂）

　　　（老師又拿出剛才的那張照片）

老師：這張照片貼在這裡，好不好？

幼兒：不好。

　軒：貼在「蛇瓜的生長小書」下面。

老師：你可以自己去排位置，不過不要把你辛
　　　苦寫的字給蓋住了。

老師：寫完書名，貼上照片，再請老師幫你寫
　　　作者。

老師：都寫完了，我想再給它一些變化，可不
　　　可以？

幼兒：可以。

老師：老師幫你們準備了一些材料，你可以給
　　　你的封面作一些變化。

幼兒：裝飾。

　　幼兒在「植物的生長」教學活動中持續地觀察記錄，
甚至在這個教學主題結束之後，因為所種的植物才陸續
開花甚至結果，所以觀察記錄仍然持續進行，絕大部分
幼兒都累積了一些觀察記錄。老師決定讓幼兒將這些記
錄彙集成冊。先前老師已經為每一組幼兒和他們所種的

植物一起拍照，今天老師發給每一位幼兒照片。老師又發給每位幼兒一張紙請他們為自己的書，設計封面並貼上所發的照片。

　　大部分幼兒先參考老師所發的字條寫出書名，少數幾位年齡較小的幼兒，可以請較年長的幼兒幫忙寫書名，或由老師先以鉛筆寫好再由幼兒以蠟筆或彩色筆照著描。然後貼上照片，寫下自己的名字，再畫邊框。

 分組活動

　　各組自行進行餵食與觀察記錄。

　　蝸牛組的師生對蝸牛交配之後多久會產卵有了疑問。老師和蝸牛組的幼兒一起查書找尋問題的答案。之前，幼兒雖然已經都看到蝸牛的卵，但是沒有看到蝸牛產卵的情形，今天很幸運地見到一隻蝸牛在產卵。

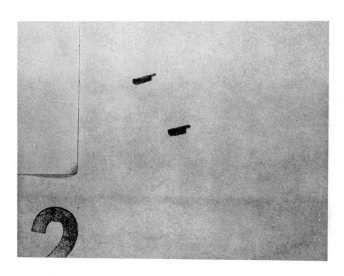

圖 3-24a 種子。

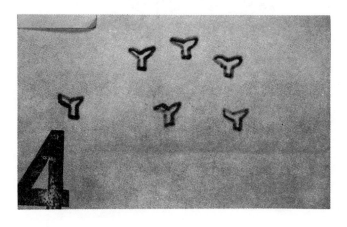

圖 3-24b 剛剛發芽。

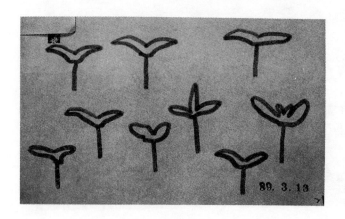

圖 3-24c　幼苗。

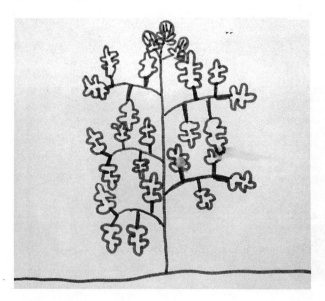

圖 3-24d　長大了！

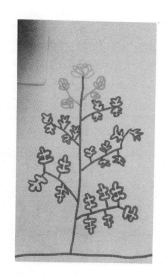

圖 3-24e　開花了！

圖 3-25a　剛剛發芽。

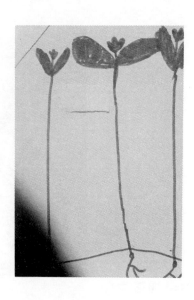

圖 3-25b　長高了。

圖 3-25c　開花了。

圖 3-25d　長豆莢了！

 幼兒的成長變化

　　老師發給每一位幼兒他們小時候的照片，和他們討論成長的變化。

　　老　師：有沒有看過你小時候的照片了？
　　幼　兒：（一起）有。
　　老　師：我要你比較看看喔，你小時候跟現在……
　　幼　兒：有什麼不一樣？
　　老　師：對，你怎麼知道？
　　幼　兒：我從小都沒有長過痣，現在長大就有了。
　　幼　兒：痣就是那種。
　　老　師：你從小沒有長痣，現在長痣了，真的嗎？

在那裡？

（小朋友一陣起鬨要看）

老師：會有其他的東西唷？還有沒有其他小時
候跟現在不一樣的地方？

（小朋友還在討論痣）

老師：好，軒現在要講一個不一樣的。

軒：我小時候很乖，現在很皮。

老師：小時候很乖，現在很皮。你自己也知道
喔，什麼叫做乖，什麼叫做皮？軒，乖
跟皮的差別是什麼？

軒：調皮的皮啊。

老師：媽媽講的話都不聽。（小朋友一陣發言）
好，然剛剛有話要說，然。

然：我小時候沒有這麼多毛，長大有這麼多毛。

頻：我小時候沒毛，長大有毛。

老師：小時候頭髮像爸爸，現在頭髮像媽媽，
意思是你現在的頭髮變長了。

頻：以前頭髮是向上長。

弘：小時候很胖。

老師：小時候很胖，現在呢？

幼兒：（一起）很瘦。

老師：真的耶，我看你小時候這邊（指臉頻）
都鼓鼓的。為什麼會這樣？

弘：不知道。

幼兒：我小時候沒有長那麼多毛，現在就有長
那麼多毛！

老師：真的嗎？我看。（老師跑過來看）

幼兒：我小時候也是。

　　　（全班小朋友都説自己也是。）

　靜：我以前臉很大。

老師：好，以前臉很大，現在臉很瘦。除了外
　　　型以外，還有沒有不一樣的？除了外型、
　　　外觀、五官跟身體，還有沒有其他不一
　　　樣的？安。

　安：我小時候頭髮很少。

　筑：手慢慢長出來了。

老師：以前手很短，現在變長了。除了外型以
　　　外，還有沒有其他？好，安。

　安：眼睛都張不開。

老師：是現在張不開，還是小時候？

　安：小時候。

老師：是小時候啊！你知道爲什麼嗎？（小朋
　　　友一陣討論）好，軒。

　軒：我小時候衣服都還是小的。

老師：衣服變大了，爲什麼衣服變大了？

　軒：因爲慢慢長大，衣服就要變大，不然，
　　　就會被綁住了。

　文：比小時候高。

老師：比小時候高，長高了，剛剛説手也變長
　　　了，頭腦呢？

幼兒：（一起）變聰明了。

老師：你怎麼知道變聰明了？

（小朋友一陣討論）

老師：好，頻。

頻：以前都只知道非常少的東西，現在知道
　　很多了。

老師：以前知道的東西非常少，現在知道的東
　　西比較多，為什麼現在知道的東西會比
　　較多？

幼兒：長大就會懂了啊。

老師：長大就會懂一點事情？怎麼懂得？

幼兒：懂事啊。

頻：先看，久了就會做了，然後再想想。

老師：這一次如果做錯了、看錯了，就會想想，
　　下一次就會做對，好厲害！

幼兒：我小時候不會走路，現在會走路。

老師：小時候不會走路，現在會走路，而且還
　　跑得非常快。好，靜。

靜：以前小時候眼睛都看不到東西，而且，
　　小時候也不認識阿姨那些的。

老師：現在你都認識了，對不對？靜說，看看
　　別人好像都不認識的樣子，現在知道誰
　　是阿姨，誰是爸爸，誰是媽媽，誰是我
　　們班的小朋友。

璋：小時候包尿布，長大就不會了。

（小朋友一陣討論）

幼兒：我自己會尿尿。

老師：會自己尿尿。不會尿床就不用包了。（小

朋友一陣討論）好，另外一個問題，你
自己跟爸爸媽媽有什麼不一樣。好，軒說。

軒：以前沒有鬍子，現在爸爸有鬍子，我們
長大就會有鬍子了。

彰：我長得比較低，大人比較高。

文：大人吃得比較多，我們吃得比較少。

怡：媽媽的ㄋㄟㄋㄟ比較大。

（小朋友一陣討論）

老師：大人的手比較長，小孩的手比較短。

幼兒：還有身高不一樣。

頻：爸爸跟媽媽的鼻子都有毛毛的。

老師：爸爸跟媽媽的鼻子都有毛毛的？你沒有
鼻毛嗎？

頻：有一個很像仙人掌的東西。

老師：我問你，你跟爸爸有什麼不一樣？（問
旁邊的小朋友）

幼兒：爸爸有戴眼鏡。

老師：爸爸有戴眼鏡，你沒有。那也是不一樣。

（小朋友一陣討論戴眼鏡）

老師：生活上，你跟爸爸媽媽有沒有什麼不一樣？

幼兒：爸爸媽媽要上班，我們要上學。

幼兒：爸爸媽媽要睡在一起，我和弟弟沒有。

安：爸爸會開車。

老師：爸爸會開車。（小朋友一陣討論誰會開
什麼車）光，我請問你，你有沒有爺爺
奶奶？

　光：有。

老師：爺爺奶奶跟你爸爸媽媽有什麼不一樣？

　光：臉上有一塊一塊的。

幼兒：有那個痕跡，對不對？有那個痕跡。

老師：爸爸媽媽沒有？

　　　（小朋友一陣討論）

老師：那個叫做什麼？皺紋？

老師：你們有沒有看過怡的奶奶？

幼兒：（一起）有。

幼兒：頭髮都金金的

幼兒：都瘦瘦的。

老師：你的爸爸媽媽跟爺爺奶奶有什麼不一樣？

幼兒：奶奶有白頭髮。

　軒：爸爸也有啊。

老師：軒，我請問你，爸爸媽媽跟奶奶的白頭
　　　髮，比起來，誰的白髮比較多？

　軒：阿公的比較多。

接著，老師請幼兒想像自己長成大人時可能的樣子。

老師：你們也想一想，如果有一天你們長大像
　　　爸爸媽媽一樣，你們會變成什麼樣子？
　　　（小朋友一陣討論）

　軒：我長大要去賣東西，賺很多錢。

最後，老師說明如何製作成長列車。老師拿出華的

照片，有一歲多時照的，上幼稚園時照的，上幼稚園期間照的。這三張都已經剪成圓形分別貼在三張圓形的紙上。老師將這三張照片按照時間順序加以排列。

老師：第一張是小時候，再來是上學之前，然後是上學之後。你們覺得第四節應該要接什麼？（小朋友一陣討論）第四節接長大以後，第五節呢？要接什麼？

幼兒：老了以後？

老師：對，老了以後！等一下我會給你們兩張紙，第一張畫你長大以後的樣子，你想一想，你長大以後變成什麼樣子。第二張畫你老了以後的樣子，這就是你的成長列車。毛毛蟲的頭你自己畫。

 製作成長列車

每一位幼兒在入園時，園方都請家長繳交幼兒當時所拍的照片，以及更年幼時的照片（有些是嬰兒時照的）。最近園方又為幼兒拍了一張畢業照。老師請幼兒想像自己長到像父母親那樣的年紀可能是什麼樣子，再長到像祖父母那樣的年紀可能是什麼樣子，請他們將所想的畫出來。再將三張照片和兩張圖依照成長的順序排列，串連成一列，或者再貼上腳變成一隻毛毛蟲。

媛已經在兩張圓形的紙張上分別畫出自己將來

長大及變成老人的樣子。接著她又在另一張圓形的紙張上畫了毛毛蟲的臉。然後她將另外三張貼了照片的圓紙和剛畫完的兩張畫依照生長的順序排列，並且連接起來變成毛毛蟲的身體。再將剛才所畫的毛毛蟲的臉貼在最前端。貼完之後，她正伸手要拿桌上的紙條，準備貼在毛毛蟲身上當成它的腳。這時，她說：「我要看毛毛蟲有幾隻腳。」說著走向放蠶（她將毛毛蟲和蠶搞混了）的地方，左手抓起一隻蠶，右手拿著放大鏡對著蠶，邊看邊數：「一、二、三、四、五、六、七、八，八隻。」研究者：「媛！蠶寶寶趴著的時候，你能不能看到八隻腳？從一邊看是不是只能看到一半？」媛扳起手指數到八，然後又反覆點數手指。數了幾次之後，她說：「一邊有四隻腳。」媛回到座位貼了四隻腳在毛毛蟲的身體。

第四章

教學活動評析

第一節　教學目標

　　教學應該要能增進幼兒認知、情意和技能的發展，本教學實驗是否達到了這些目標？

一、認知目標

　　黃炳煌（民 75）指出，我國歷來的教育太過於重視智的發展，但是智的發展也只偏於記憶、了解等較低層次的認知心能，所以嚴格地說某些教師所列的教學目標連「唯智主義」都談不上（pp.10-11）。筆者認為很多學生的學習也沒有達到了解的層次，很多學生在學習之後只能複述書本或老師所說，卻不能用自己的話語將所學的表達出來，這樣的學習並不是真正的了解。在這樣的學習中，學生只是去記憶老師所傳授的知識，卻沒有去思考這些知識的意義。

　　本教學實驗重視提供幼兒主動而積極思考的機會，所以老師在教學之前要先想好能引發幼兒思考的問題。因為老師所問的問題，能引發幼兒的思考，所以幼兒的回答有不少頗具內容，甚至有些令研究者有驚豔之感，讚歎幼兒也能有如此深入的討論，這是筆者在研究之初所沒有預期的。

例一

幼兒：澆水的時候，繩子會鬆掉啊。

老師：澆水時你覺得從哪裡澆，它才不會鬆掉呢？

雅：從下面澆。

老師：從這裡澆就可以了？

幼兒：對呀。

光：那上面的就沒有喝到水了呀。

老師：你覺得上面沒有澆水，它們就喝不到水嗎？

幼兒：沒有，它們是從下面吸的。

老師：它們是用根吸收。

幼兒：對。

（89/3/30教學實錄）

上述的討論，一位幼兒認為澆水從下面澆即可，另一位幼兒質疑這樣澆植物的上半部沒有吸收到水分，但是這樣的說法又遭到第三位幼兒的質疑，他指出植物從「下面」吸收水分的。

例二

老師：老師請問你們，動動你們的金頭腦哦！
我想要請問你們：什麼是動物？你認為動物有什麼不一樣的地方？牠為什麼被叫做動物？

幼兒：只要有長眼睛。

幼兒：太陽也有眼睛。

幼兒：太陽的眼睛是人畫上去的，真的太陽是沒有眼睛的。

（89/5/11 教學實錄）

例三

軒：小雞在蛋裡面，牠跑出來，為什麼沒有黃色的？

老師：對啊～我就是在問你這個問題，為什麼？

光：因為它的蛋黃是黑色的。

幼兒：（數位）哪有黑色的蛋黃？

（89/5/15 教學實錄）

例四

老師：很好，可是有一個問題，小雞要抓來這裡，你猜牠……

幼兒：牠會跑。

（小朋友一陣討論）

老師：牠會跑，怎麼辦？

老師：都沒有辦法了嗎？我想到一個辦法。

幼兒：用東西把牠移過來。

老師：用東西把牠移過來？把牠裝在一個東西裡面來秤。

幼兒：東西的重量就加上去了啊。

老師：有沒有什麼辦法可以讓東西的重量不要
　　　加上去？

雅：用東西給牠吃，讓牠自然跳上去。

雅：用手，放飼料讓小雞來吃。

幼兒：可是飼料也有重量啊。

（89/5/17 團體討論）

　　上述是討論如何幫小雞量體重，老師考慮到小雞可
能不會乖乖站在磅秤上，所以和幼兒討論如何克服這個
困難。老師提出一個辦法，但是幼兒認為用那個方法所
量到的不只是小雞的重量，另一位幼兒又提出意見，她
認為可以用飼料將小雞吸引到磅秤上，但是其他幼兒也
質疑這樣秤到的也不只是小雞的重量。

　　除了能質疑或反駁同儕的觀點，幼兒也能針對老師
所提的問題，提出不同的觀點、意見或解決問題的方法。

例五

老師：你去澆水的時候有沒有發現，長出來的
　　　植物，有一點小問題哩？

幼兒：被蟲咬。

老師：你的被蟲咬了嗎？

幼兒：被螞蟻咬葉子。

老師：大家來想想辦法，怎麼辦？

軒：灑毒藥進去……把蟲抓掉……

老師：灑毒藥進去？

幼兒：植物就會被毒死呢。

　軒：不是，就是像那些給蟲打死的那種藥。

老師：殺蟲劑嗎？

　文：我知道灑什麼。灑農藥。農夫在灑的那
　　　個東西。

老師：那是農藥沒有錯。我知道灑農藥可能會
　　　有效，除了農藥以外，有沒有別的方法？

　頻：蟲來的時候就用夾子把牠抓掉？

老師：你怎麼知道蟲什麼時候來呢？

　文：對呀，就出去看一看啊。

老師：我要一直等在旁邊，等看到蟲來就給牠
　　　夾起來這樣嗎？

幼兒：要等到晚上耶。

幼兒：去觀察的時候，如果看到蟲就趕快把牠
　　　抓下來。

老師：問題就出在我們去觀察的時候，它都被
　　　吃掉了。

　弘：如果半夜的時候蟲才來怎麼辦？

　軒：我知道，放一粒糖果在旁邊，如果螞蟻
　　　來的時候把牠打死。

老師：那蟲怎麼辦？蟲不見得愛吃糖啊。

幼兒：我知道，用樹上的樹葉給牠吃啊。

　文：但是牠就不吃綠色的葉子啊，牠就愛吃
　　　我們種的啊。

　然：把它套一個套子。

老師：用什麼套子把它套起來？

雅：用那種漁網啦。

然：用一個塑膠袋套起來。

幼兒：用塑膠袋它就沒空氣了。

幼兒：會死掉。

雅：用漁網把它網起來。

文：我知道，毛毛蟲不是喜歡蘋果嗎？用一顆蘋果啊。

老師：現在不見得是毛毛蟲耶，雅說用一張漁網把它網起來，爲什麼要用漁網把它網起來？

雅：蟲就比較不好跑進去。

老師：咦！你們覺得這個辦法怎麼樣？

雅：還不錯啊。

老師：還不錯哦，你們還記不記得我們去參觀棗子園？有沒有發現棗子園有什麼特別的地方？

軒：就是搭那個網子網起來。

老師：爲什麼棗子園要網起來？

幼兒：（一群）怕蟲咬啊。

老師：怕蟲咬啊！你看他們爲了怕蟲咬，他們想到要用網子，跟雅的方法有一點一樣。你說，怎麼樣？

頻：放假的葉子在旁邊。

文：老師，我知道，用蓮霧的葉子給牠吃。

文：我知道，用小花給牠吃。

老師：好，現在，我覺得剛才雅提的方法不錯，

　　她的方法有一點像是我們去農改場看到

　　的棗子園，對不對？

幼兒：對。

老師：你來看這個網子，好不好？（丁老師遞

　　過來一卷白色的網子）你覺得用這個網

　　子來把它網起來，你覺得好不好？

幼兒：好，好啊。

　軒：我們上廁所，不是有放香香的那種東西，

　　然後蟲去了就會死掉了。

老師：你說芳香劑嗎？

　軒：嗯！

老師：好啊，我們有來試試看呀，看到底哪一

　　個辦法有效？現在有三個辦法，一個辦

　　法是用網子，一個辦法是做假的葉子，

　　一個辦法是放芳香劑，還有一個辦法是

　　做一隻很大的毛毛蟲在旁邊。

　　　　　　　　　　（89/3/17教學實錄）

　　因為老師所提的問題能引發幼兒思考，所以幼兒在討論之中都很積極地參與。討論也引發幼兒去觀察與照顧動、植物的興趣，由此而有更深入的學習。在「植物的生長」教學活動接近尾聲時，師生曾對成長的過程作了一番回顧。老師先將先前保留的植物種子拿給幼兒辨識，幾乎每一小組都能立即辨認他們的種子，只有一小組例外。接著，老師徵求各小組派一位代表將他們所種植物的成長過程畫出來，幾乎每一小組所畫的都可以清

楚地看出成長的過程，例如：葉片變大、莖也變高、葉片數目也增加、葉子的形狀改變。此外，有幾組所畫的形態近似真實的植物。

二、情意目標

實驗教學期間研究者幾乎每天早上都前往實驗園去錄影教學實況，研究者抵達的時間通常是幼兒在戶外遊戲場自由遊戲的時間（這是他們一天之中唯一的一段戶外遊戲時間），但是有時有些幼兒卻捨棄遊戲器材不玩，去植物栽培區觀察他們所栽種的植物（植物栽培區剛好在戶外遊戲場旁邊），後來綠豆莢黃熟時，有些幼兒又來摘綠豆，波斯菊開花之後種子開始乾熟之時（綠豆莢黃熟時與波斯菊的種子乾熟之時，都是在「植物的生長」教學活動結束之後），有些幼兒又來收集種子。這些幼兒已經培養出對植物觀察的興趣。

丁老師：今天早上的戶外遊戲時間，我們班在那棵大王椰子樹下撿花，它一直掉下來，我們班就一直撿，然後裝在一個牛奶盒子。我走過去，他們對我說：「你看我們在撿花。」我問：「那花從哪裡來？」有的說：「飛機上掉下來的。」有的說：「不知道耶！這一棵不是啊！它沒有開花，那一棵也不是，不知道它從哪來的。」我說：「我們趕快找找看從哪

裡來的。」這時剛好有一朵掉到我頭
上，我就說：「唉唷！掉下來了耶！」
他們就往上看，我問：「是不是這一棵
啊？」小朋友說：「不是，應該不是，
上面都是這樣，怎麼會是這一棵。」我
說：「好，我們再看看。」接著又有花
掉下來，我叫他們趕快接。後來他們才
發現原來是那一棵。小朋友說：「對
呀！真的是那一棵！」每個人都往上
看，趕快去接。現在小朋友比較會去觀
察周遭的植物了，這是以前沒有的。

　　　　　　　　（89/3/15 教學研討會記錄）

黃老師：我們班最近很愛去戶外的種植區，有
　　　　時候要一直催他們才進來。今天早上
　　　　在討論我們種的植物的時候，當談到
　　　　蛇瓜的時候，頻就說：「我媽媽昨天
　　　　買的菜也是有這個鬚鬚。」我一聽就
　　　　知道是龍鬚菜，就問她：「是蛇瓜
　　　　嗎？」她說：「不是！」下午她媽媽
　　　　來接她時，我叫她媽媽來看她的畫，
　　　　因為她實在畫得很好，她媽媽就跟我
　　　　說：「昨天晚上我買了龍鬚菜！」我
　　　　說：「我知道！」她說我們在吃飯的
　　　　時候，頻就說：「告訴妳喔！我們種
　　　　的菜也有這個喔！」她媽媽說：「真

的喔！跟我這個一樣嗎？」她說：「才
不一樣，我們種的比這個可愛，我們
的蛇瓜比這個可愛。」從她的言談，
你就可以感覺到她很寶貝她種的東西。

（89/3/29 教學研討會記錄）

在「動物的生長」這個主題，幼兒的興趣更高。一
方面是動物比較動態，比較能引起幼兒的興趣，所以幼
兒都很留意地在觀察動物的成長變化。

文：禮拜六，我阿嬤說有長尾巴，然後我去
看，摸摸看，咦！真的有。

老師：真的喔？尾巴也長出來了，是不是？

幼兒：尾巴也往這邊翹，像狗狗一樣放輕鬆的
時候，尾巴是往這邊翹，現在是變成這
樣的了。

（89/5/23 教學實錄）

星期二早上我在實驗組一教室錄影，蝸牛組的
幾位小朋友告訴我：「我們的蝸牛生蛋了！」
我說：「真的喔？什麼時候？」媛：「禮拜天
早上，我還看到牠們在交配呢！」另一組的小
朋友也立刻說：「我們的也生蛋了，你看！」
這時丁老師拿來筑的觀察記錄本，她指著昨日
的記錄上一點一點的白點問我：「你看！這是
什麼？」我說：「是不是蝸牛的卵？」丁老師：

「對！妳看她已經把牠畫下來了。」

（89/5/24 現場觀察記錄）

再過十分鐘戶外遊戲時間就要結束，大多數幼兒還在戶外遊戲場遊玩。雅走進教室，小心地捧起一隻一隻的小雞玩。這時，又有三位幼兒走進來。突然，雅興奮地大叫：「小雞長雞冠了！」在教室的幾位小朋友和老師立刻過去圍觀。大家都很興奮，都紛紛說：「小雞長雞冠了！」

（89/5/25 現場觀察記錄）

頻在實驗教學之中一直相當積極參與討論，也很認真作觀察記錄。實驗教學結束兩週之後的某一天，她利用角落時間以一張圖畫紙畫了一幅連環圖畫。那天筆者剛好前往該幼稚園，黃老師拿來和筆者分享。頻在圖畫的一面畫了十幾個小圖，利用箭頭代表圖畫順序的先後。故事情節是她想像自己去買雞蛋、孵小雞、照顧小雞。畫完故事連環圖之後，她將圖畫紙對折，在圖畫紙的另一面畫上圖畫代表書的封面。

（89/6/9 觀察記錄）

　　這位幼兒的圖畫將「動物的生長」這個主題中小雞組所進行過的活動完整的呈現出來，並且加入了個人的想像，而她的畫法很明顯地受到先前教學活動的影響。

　　實驗教學結束之後，某一天，雅問我：「老師，
我們種過植物了，也養過動物了，接下來我們
要做什麼？」在一旁的黃老師馬上說：「要是
我，我就問她：『妳想做什麼呢？』」

（89/6/7 丁老師口述）

　　從這位幼兒的問題可以感受到她對學習活動的熱切
期待。

　　教學實驗結束之後，幼兒所飼養的動物仍然留在教
室讓他們繼續觀察。一週之後，因為已接近畢業典禮，
幼稚園的課程因為畢業典禮的排練而必須暫停。師生已
無暇去照顧教室裡的動物，老師和幼兒討論看誰願意認
養動物。幼兒爭相認養，最後不夠分配。

三、技能目標

　　此教學主題結束之後，研究者翻閱並記錄所有幼兒
的觀察記錄簿，幼兒記錄次數最多者達二十四次（兩個
月的記錄）。幼兒都畫他們所負責照顧的那一種植物（每
三位幼兒照顧一盆，每盆裡面只種一種）。幼兒的記錄
能夠看出從種子、發芽、葉子的形狀或片數的變化、花
苞、到開花，有些甚至到結果完整的成長過程者有七位
（大蒜組和小白菜組除外，因為大蒜的變化很少，小白
菜到第三個星期被菜蟲吃光了），約略可見的也有五位。
可看出部分變化者有七位。

　　「動物的生長」觀察記錄次數最多是十二次。小雞

組的幼兒的觀察記錄都畫出小雞成長的變化，例如：小雞長出尾巴、雞冠，而且幼兒所畫的小雞酷似真實的小雞。

丁老師：我們班小朋友畫的小雞好可愛喔！
黃老師：對啊！
丁老師：以前要他們畫動物都不太能畫得出來，
　　　　現在要每一個小朋友畫都畫得很可愛喔！
黃老師：有觀察吧！
　　　　　　　　　　（89/5/17教學研討會記錄）

屏科大參觀之後幼兒所畫的印象最深刻的動物。大部分幼兒所畫的不但樣貌比較酷似該動物，有些幼兒還捕捉了當日所見該動物的動作與神情（例如：長臂猿吊掛在鐵架）。

圖4-1a　我們班小朋友畫的小雞好可愛喔！

圖 4-1b

圖 4-2　長臂猿掛在鐵架上。

第二節 課程內容

　　幼兒教育強調整合的課程，學習活動應該涵蓋語文、自然、社會、數、美術與健康等諸多領域。本實驗教學的主題雖然是以自然領域為主，但是上述的諸多領域都包含在本實驗課程之中。

一、語文

　　幼兒階段是聽、說能力發展的最佳階段，本研究中有很多師生討論與同儕討論的活動，充分提供幼兒練習聽與說技巧的機會。除了提供聽、說能力發展的機會外，老師也提供幼兒語文學習的機會，例如：選擇與教學主題有關的書籍，師生一起閱讀，然後放在語文角供幼兒自由取閱，提供與所種植物及所飼養的動物有關的書籍，鼓勵幼兒隨時去查閱。

　　在「動物的生長」教學主題進行時，老師在語文角放置了很多相關的圖書。老師告訴幼兒，若有任何有關動物的問題，可以隨時去查書。例如：蝸牛組的幼兒要為蝸牛布置居住的地方時，就是去查書。研究者在錄影時，看到一位幼兒拿著一把尺在量蝸牛飼養箱裡的泥土厚度，研究者問幼兒為什麼要這樣量，幼兒出示一本書並且指著書上的圖片告訴研究者她是參考書本上的作法布置蝸牛的居住環境。此外，幼兒也從書本的閱讀，了

解所飼養的動物的生理構造、習性。

在進行「動物的生長」這個主題時，幼兒經常去翻閱書籍，找尋所需的資訊，尤其是蝸牛組和小雞組的幼兒。老師也曾經請家長提供相關的資訊。後來，家長主動向老師提到孩子最近回家後會主動地去閱讀書籍。

實驗教學的最後二天，幼兒將植物的觀察記錄彙集成冊，並且製作了封面，裝訂成書。實驗教學結束之後，又將動物的觀察記錄彙集成冊，並且製作了封面，裝訂成書。

從上述可見，本教學實驗提供幼兒很多語文學習的機會。

二、自然

在實驗教學之前，幼稚園的教學活動絕大部分是在教室內進行。上學期雖然曾經進行過有關植物的單元，但是幼兒卻不曾去學校的植物觀賞區觀賞過。幼兒不曾去注意到校園的花草樹木，也未曾去欣賞它們的美。

本實驗所進行的自然領域活動，不只讓幼兒去觀察各種不同的植物，還讓幼兒親手種植，從種植之中再觀察到植物成長的情形。

在「植物的生長」進行之中，幼兒分別觀察了該校的植物觀賞區、農業改良場和屏東師院東校區。這三區的植物種類都不相同，透過觀察幼兒認識了較多種類的植物。因為觀察之前，老師都和幼兒事先討論，所以幼兒觀察時都比較仔細。幼兒對校園裡植物的關注程度也

隨之增加，比起以往較會注意到校園裡的花草樹木。

　　實驗教學的第三週，某天早上研究者至校園，觀察幼兒的學習情形時，丁老師和研究者聊起來，丁老師提到這兩天早上戶外遊戲的情形。以下是我們之間的對話。

　　丁老師：昨天早上戶外遊戲時間，我們班的瑩
　　　　　　和蓉，告訴我：「老師，剛剛風吹來
　　　　　　那一棵樹飄下來好多葉子，好漂亮
　　　　　　喔！」我發現他們兩人整段戶外遊戲
　　　　　　時間都在撿拾落葉和花瓣，都不玩遊
　　　　　　樂器材了。今天早上戶外遊戲時間變
　　　　　　成四位女生在撿拾落葉，他們不玩遊
　　　　　　戲器材了。
　　研究者：以前有沒有這種情形。
　　丁老師：沒有。

　　從上述的例子可見，幼兒不但開始注意去觀察周遭的植物，他們的觀察力也變得比較敏銳。

　　「植物的生長」進行了一個月，接下去的一個月是師範學院的實習生到園實習，在這段期間，幼兒之前所種的植物陸續開花，例如：波斯菊、綠豆、蛇瓜，有的甚至結出果實，例如：綠豆。所以觀察記錄一直持續著，很多幼兒看到自己的努力有了結果都相當高興。有不少的幼兒回去和家長分享，家長相當好奇，趁著接送孩子的時間，特地去種植區觀賞。到了進行「動物的生長」教學主題時，向日葵也綻放了美麗的花朵，蛇瓜藤長出

瓜來了。除了小白菜中途被蟲吃光以及大蒜沒有看到開花之外，幼兒都看到所種植物的整個生長過程。

在「動物的生長」進行時，老師和幼兒討論是否所有的雞蛋都可以孵出小雞，並且進行實驗。幼兒告訴父母她們是利用燈泡孵出小雞，而不是由母雞孵出小雞。有些家長稱讚幼兒們很厲害，居然在沒有母雞的情形下可以孵出小雞，特地到教室裡看看小雞。雞蛋孵出小雞是在周末假日，由家長帶回去幫忙孵，同樣是亮燈維持適當的溫度，等待小雞破殼而出。家長將這個過程加以錄影，交由老師放映給幼兒觀賞。

除了讓幼兒親自飼養動物之外，在這個教學主題之中也安排了一次的參觀教學，前往屏東科技大學觀察螢火蟲、乳牛擠奶和保育類野生動物，以拓展幼兒的視野。

三、數學

本實驗教學提供很多機會增進幼兒數、量、形概念的發展。以下僅舉數例。

某一天老師和幼兒討論植物的生長是否需要養分。老師將之前讓幼兒種在土壤裡的綠豆和種在棉花上的綠豆搬進教室加以比較。

老師：用什麼方法去知道它有變大？

幼兒：用看的。

老師：她是用看的，用看的知道它有變大，你
　　　們有沒有其他方法可以知道它有變大，

　　　或是它變～

瑜：變高了？

老師：對～，有沒有其他的方法知道？

筑：用彩色筆或尺。

老師：用彩色筆或尺，就是這樣。我每次看頻
　　　在觀察的時候，就拿彩色筆去量一量綠
　　　豆，然後在她的板子上面畫上一條線，
　　　再拿她原來的彩色筆比一下，不夠，再
　　　畫長一點點，然後再比一下，就知道多
　　　高了。除了用彩色筆之外，還有沒有其
　　　他的方法？

幼兒：尺也可以。

幼兒：吸管。

幼兒：手。

幼兒：鉛筆。

幼兒：磁鐵。

幼兒：筷子。

老師：來，我要問你一個問題，萬一，你看喔～
　　　（這時老師拿來一根吸管，準備要量面
　　　前的那盆綠豆。）

老師：吸管根本不夠高怎麼辦？

幼兒：不夠高。

文：再找一根吸管插進去。

幼兒：磁鐵。

老師：還有沒有其他方法？

幼兒：筷子。

文：就先量這一半，然後等一下再量另一半
沒有量到的。

(89/3/21 教學實錄)

　　開始進行觀察記錄的頭幾天，幼兒雖然注意到幼苗
的樣子與高度的變化，可是他們的記錄只顯現樣子的變
化（例如：增加了一片葉子），但是卻沒有高度的變化。
老師因此決定加以引導。以下是老師引導的實例。

老師：就比你畫的那棵。
　　　（幼兒將彩色筆插在泥土上量植物的高度）
亭：我比這棵最高。
　　　（老師和四位幼兒湊過去量最高的那棵）
亭：超過了耶！（超過一枝彩色筆的高度）
　　　（老師將彩色筆放在幼兒剛才所畫的植
　　　物旁）
老師：我們剛剛比，它有多高？到這裡了（彩
　　　色筆的頂端），對不對？你的比較小一
　　　點（只有彩色筆一半高），你可以畫它
　　　現在的樣子，畫看看。
　　　（亭拿記錄給老師看，老師又拿彩色筆
　　　比一比亭所畫的植物高度）
老師：你畫的有這麼高，對不對？去看看你畫
　　　的植物有多高？
　　　（亭拿了彩色筆插在泥土上，量一量所
　　　畫的植物之高度）

（憲也拿著彩色筆去量植物的高度）

（亭量完之後，用彩色筆比一比剛才所畫的植物之高度，發現畫得太短，再將它畫高一點）

　　為了了解小雞的生長過程，老師透過團體討論引導幼兒去觀察和記錄小雞身高和體重的變化。

老師：你怎麼知道牠到底有沒有長大？

幼兒：牠孵出來就長大了啊。

　頻：如果牠昨天假設是五，今天是六的話，那牠就是長大了！

老師：你的意思是量牠的身高嗎？量身高就可以知道牠有沒有長大！有沒有量其他的？像我要知道你們有沒有長大，我都怎麼辦？我都怎麼處理啊？

幼兒：量身高。

老師：量身高，還有什麼？我要知道！

幼兒：量體重。

（89/5/17 教學實錄）

　　後來繼續討論幫小雞量體重時，如何去計算小雞的真正重量。因為小雞可能不會乖乖地站在磅秤上，要幫牠量體重可能會有困難，所以老師提出討論，最後決定將小雞放在盒子裡去量。但是幼兒指出放在盒子裡，所量到的並非小雞真正的重量，因此又討論，思考如何計

算小雞的真正重量。

老師：好，我們現在來秤這個盒子喔，就可以
　　　知道會不會影響小雞的重量。
　　　（老師把盒子放到秤上）

幼兒：把小雞放在那個盒子裡面。

幼兒：動一下，有動一下。

　雅：因為那個有重量。

老師：你看有影響嗎？（小朋友全部跑到前面
　　　去，老師制止）我轉給你們看，你們回
　　　去坐好，要大家看才準喔，不要一個人
　　　說，看清楚一點。
　　　（老師給小朋友看，小朋友一陣談論）

幼兒：0.1！

老師：什麼 0.1 啊？

幼兒：就是比一還小啊。

老師：有跑嗎？

幼兒：真的有跑。

老師：怎麼辦？真的有跑，有重量，跑一格。

　如：不然就把那一格不要算進去。

　軒：……不要算那一格就好（聽不清楚）

老師：軒的意思是，這裡有一格，沒有關係，
　　　小雞放進去，要數小雞到底有多重，那
　　　格不要去算就好了。

　軒：最後一格不要算。

　雅：要減掉。

老師：要減掉。就是這個意思。

　軒：因為是那個（指盒子）的重量，因為小
　　　雞會放進去。

老師：你們聽懂軒的意思嗎？剛才軒的意思是
　　　說，我畫給你們看，這是磅秤，對不對？
　　　比如說，這是一根指針，這是○的地方，
　　　然後這邊有畫一、二、三、四……十，
　　　我把它變大了喔，本來沒有放盒子，針
　　　是指在這裡，對不對？針指在○的地方，
　　　就像軒說的，歸零，就是這個意思。盒
　　　子一放上去之後，那根針變成在這裡。

幼兒：0.1。

老師：跑到「一」這裡，有跑一格了，本來在
　　　這裡，由這裡跑到這裡了。（老師從○
　　　的地方指到一的地方。）我們怎麼算小
　　　雞的重量呢？

幼兒：我知道。

老師：軒的意思是說，假設，現在小雞一放上
　　　去，一隻小雞放上去了，放上去之後，
　　　那根針就一直跑跑跑，跑到這裡（指著
　　　十），有包括盒子喔。軒的意思是，我
　　　們要數小雞有多重的時候，就從哪裡開
　　　始數？

　如：第二條。

　軒：第一條啦。

老師：從第二條開始數，是不是？

如：從第二條，因為針是從第二條開始跑。

軒：第一條完，然後最後一條就不要數了。

老師：好，我先講軒的意思。軒的意思是說，第一條，還是從這裡開始數（從○的地方），一、二、三……九，但是只數到這裡，為什麼？

雅：因為加了盒子的重量了。

老師：對，因為這邊已經加了盒子的重量了，所以，不要數到這裡，這裡就把它扣掉了，是不是？軒的意思是不是這樣？

軒：對。

老師：所以小雞就只有九格的重量，還有另外一種的算法。剛剛誰說的？如說的，你也可以不要從○的地方開始數。就直接從盒子的地方，盒子已經放上去了，盒子是在這裡（指著「一」），對不對？

幼兒：不要數第一格的話，就可以數第二格。

老師：第一格不要數，就可以直接數到最後，她的意思是，不要從○的地方開始數，要從「一」的地方開始數，就開始數一、二、三……九。

幼兒：也是九格。

老師：多少格？九格，對不對？從第一格的地方數是九格，從○的地方開始數，但是只數到哪裡？只能數到這裡，對不對？一、二、三……九，這邊不要數，我們

是從○的地方開始數，有盒子喔，要不
要數這裡？

幼兒：不要。

老師：答對了，所以不管從這裡（指「○」）
開始數，數到這裡（指「九」），或是
從「一」開始數，數到「十」這裡，都
是只有九格。有沒有一樣？

幼兒：有。

老師：這樣，兩種方法都……

　軒：只是從不一樣的地方開始數。

（89/5/17 教學實錄）

　　在這段討論之中，黃老師提供幼兒解決問題的機會，
幼兒意思表達不清楚時，黃老師能夠加以澄清，幼兒所
提的計算方法有所不同時，老師不是只接受一種方法，
她能夠對幼兒所提的不同方法都加以討論。

四、社會

　　在實驗教學期間有很多的師生討論和同儕討論，不
只提供幼兒語言學習的機會，也提供了幼兒學習人際技
巧的機會。在「植物的生長」進行期間，每三位幼兒照
顧一箱植物，幼兒大都能互助合作負起照顧的責任，所
種的植物最後幾乎都開花，甚至結果。

　　在「動物的生長」進行期間，也是每三位幼兒為一
個小組負責照顧幾隻動物，大部分幼兒也都能合作照顧

他們的小動物，同儕之間偶有紛爭，老師察覺立即提出
討論。以下是例子。

老師：小朋友都很喜歡小雞組的小雞，他們都
　　　好喜歡。比如說，我是別組的，我是牛
　　　蛙組的，我就跑去跟小雞組的說，「唉
　　　唷，你的小雞好可愛啊，你不要用飼料
　　　給牠吃啦，飼料不好啦，你應該去用飯
　　　給牠吃。」

幼兒：不對！。

老師：「你的小雞借我抓一下。你的小雞好可
　　　愛，我好想抓。」

幼兒：不行。

老師：為什麼不行？（小朋友搶著回答）沒有
　　　問人家可不可以。還有沒有其他的？

幼兒：會傷害動物。

老師：會傷害動物。小雞組的說小雞飼料要裝
　　　好，什麼東西都要弄好啊。可是，就是
　　　有的小朋友認為說，「哎呀！反正牠會
　　　打翻啦，你就不要放盒子在那裡，不要
　　　給牠吃啦。」

幼兒：我知道小雞只認得自己的主人。

幼兒：如果是另外一組的人要去碰牠的話，牠
　　　會怕。

老師：好，牠會怕。意思就是，你不是牠的小
　　　主人，就盡量不要來碰牠。但是，我的

意思是說，有別組的小朋友都會來干涉

他，教他怎麼養小雞，教他怎麼做，怎

麼辦？

幼兒：就不要理他呀，就照自己的方法啊。

（小朋友一陣回答）

老師：好，不要理他，自己做你自己的事，不

要被影響。可是，如果他給你的意見是

好的意見……（小朋友一陣討論，陳述

自己的想法。）那就參考看看，如果是

不好的意見，你要自己想一想他說的，

對不對？這樣可以嗎？

幼兒：可以。

老師：不管是哪一組的，如果人家對你養的動

物有意見，請你想一下他的意見對你好

不好。

（89/5/17教學實錄）

上述的討論，老師並沒有責備幼兒不當的行為，而
是提醒幼兒要尊重別人的權利，要去摸別人的小動物前，
必須先經過他們的許可。不過老師鼓勵幼兒去觀察別組
養的動物。討論之中，老師並不是直接告訴幼兒哪些行
為是對的哪些是錯的，而是讓幼兒自己去判斷行為的對錯。

五、藝術

幼兒對所種的植物和所養的動物之美的欣賞，以及

從多次的參觀教學體驗大自然之美，並將它們透過繪畫
加以表現，這就是美的表現。

幼兒對植物和動物長期的觀察記錄，不只是一種語
文活動，也是數、量、形的學習活動，還是一種藝術活動。

幾乎每次參觀之前與之後都有充分討論。參觀之前
的討論使幼兒在參觀時更為用心和仔細觀察，參觀之後
的討論則幫助幼兒更深入的思考所見。再請幼兒畫出參
觀所見，幼兒所畫多半都很細膩且生動。誠如 Reggio
Amilia 市立幼稚園的總監 Rinaldi 所言，繪畫是幼兒使用
另一種符號表達思想的方式（陳淑敏，1998）。本實驗
教學中幼兒也是透過圖畫將他們參觀時所見所想表達出來。

六、健康

種植過程中的鬆土、澆水、記錄、抓蟲提供幼兒大
小肌肉動作發展的機會，戶外參觀教學活動提供幼兒步
行、奔跑、跳躍和運用各種感知覺的機會。

過去此園的教學幾乎都是在教室進行，主要是避免
幼兒被小學生碰撞的意外危險，所以老師對幼兒體能都
不太了解。在「植物的生長」教學主題中，原先安排一
次去屏東師院東校區觀察植物。在討論要如何前往時，
研究者提議步行，但是所有的教師都很擔心幼兒的體力
不能勝任。事實上，這段路只是成人十分鐘的腳程。所
以後來決定安排在上半天課的星期三上午前往，由老師
帶領幼兒前往，觀察完在師院放學，由家長直接去師院
接回孩子。當日幼兒花費約二十分鐘走完這段路程，沿

途並沒有幼兒吵著說走不動。老師發現這樣的路程，對幼兒而言並非難事，幼兒有能力走完全程。這次的觀察，師生似乎意猶未盡，所以再度前往。第二次去師院，去程和回程都是由幼兒徒步完成。

第五章

建構教學的
省思

　　建構教學的實驗必須有研究者對教學過程不斷地省思。幼兒的反應是反省教學的最主要依據，老師對新教學模式的掌握與適應是研究者反省的另一項依據，家長的反應又是另一項依據。

第一節　幼兒的反應

一、對新教學法的適應

　　過去實施單元課程，老師在引起動機時間多半是說故事、念兒歌、簡單介紹角落時間所要進行的活動或者簡短的講述所要傳授的知識。

　　實驗課程的特色是師生之間有很多的討論，討論不是老師單向的傳授知識，而是師生之間雙向對話。老師要透過問問題，去了解幼兒的先期概念及其思考，由此引導幼兒去發現問題，進而去形成假設和驗證假設。在討論之中，老師在提出問題之後並不提供答案，所以幼兒必須去運用他的思考去想出可能的答案。

　　對於已經習慣「老師說，學生聽」，一切依照老師的指示去做的這班幼兒，要他們去運用思考確實是一大挑戰。過去老師在提出問題之後，一定會給與答案。現在老師卻不提供答案，要幼兒去想出答案。剛開始實驗課程的頭幾天，幼兒幾乎不能適應這樣的教學方式。

　　當老師反覆地問幼兒為什麼，但又沒有告訴他們答

案時，有些幼兒似乎頗有挫折感。

> 第一天教學活動結束時，怡（四歲）對我說：
> 「你為什麼要一直問我『為什麼？』你不累，
> 我很累呢！」不過軒（五歲）對我說：「老師！
> 你還有什麼問題要問我們？」我說：「沒有」，
> 他就說：「我就知道，你想不出來了，對不對？」
> （89/3/1 教學研討會）

　　幼兒不能適應新的教學模式的另一個原因是，老師不能掌握發問的技巧。實驗教學之初，老師所問的問題有時不能切中要點，有些又不能引發幼兒思考，而且討論時間又往往過於冗長。

　　不過有些老師逐漸掌握問問題的技巧，所提問題多半能刺激幼兒思考，引發幼兒參與討論的興趣，所以在這樣的引導下，幼兒逐漸適應了這樣的學習方式，幼兒逐漸能動腦去思考問題，團體討論的氣氛愈來愈熱絡。老師在拋出問題之後，答案就接二連三出來，回答問題的不是只有少數幾位幼兒，答案很多都是經過思考之後才說出來。

二、幼兒的能力

　　過去的教學，老師很少去了解幼兒的思想，以及他們的認知能力為何。實驗教學中，老師與幼兒有經常性的討論，老師拋出問題之後，都能讓幼兒充分發表，從

中了解幼兒的想法，由此作進一步的引導。老師們在每天教學之後，經常分享彼此班級幼兒的想法。老師們發現原來他們都不知道幼兒是這樣思考的，雖然他們都知道Piaget說過幼兒的思考方式和成人不同，但是他們卻不知道幼兒究竟是如何思考的。例如：在開始「動物的生長」這個教學主題時，研究者建議老師先和幼兒討論什麼是動物？討論時，有幾位幼兒認為人不是動物，因為動物必須有四隻腳，老師原以為幼兒都知道人是動物。

　　上述的情形在實驗教學過程中，屢見不鮮。由此可見，老師對幼兒的認知能力不是非常了解。

第二節　教師的心得

　　建構教學與幼稚園過去的教學模式有很大的不同，所以對每一位老師都是很大的挑戰。建構教學中老師是「佈題者」，她必須能提出引發幼兒思考的問題（甯自強，民85）。這對老師而言是相當不容易的事，所以實驗教學之始，老師們也頗不適應。經過不斷地思考與討論，有的老師逐漸能提出能引發幼兒思考的問題，而這幾位老師也從幼兒的回答發現他們的思考能力，由此體驗到教學的樂趣。

　　　前幾天江老師問我有沒有感覺現在時間過得很
　　　快，一下子又到了午餐的時間，我說我也有這
　　　個感覺。每天的活動都和主題有關，不會像以

前活動比較零散和單元的關聯性也比較低。以前的教學都是老師問問題，小朋友回答：「是！」、「不是！」就過去了，可是在這個教學中，我們就會一直去問小朋友問題，小朋友慢慢習慣了，我也習慣了，我們都會去問：「為什麼？」、「你認為呢？」，讓小朋友去想一想，現在他們已經很習慣這樣的教學方式。現在他們要來問我問題之前都會自己先想一想，所以我發現現在我只要一問，小朋友的答案都接二連三出來，而且他們的答案都滿有意思的。當你問他第一個問題：「為什麼會這樣？」他會告訴你答案，你再從他的話再去找問題：「為什麼會像你說的那樣……」他就會先想一下，再想一下，然後才回答你，這是最大的改變。

（89/3/15教學研討會，89/6/7教師訪談）

最近我們在養雞，我問打掃我們教室的四年級小朋友：「雞從雞蛋孵出來是什麼顏色？」這十個小朋友都回答：「黃色啊！」他們又反問我：「黃老師，你沒看過喔？」我又問他們：「真的所有的雞孵出來都是黃色嗎？」我又問：「雞孵出來有沒有毛？」他們說：「沒有毛啦！過一段時間才會長毛。」我又問：「過一段時間是多久？」他們說：「不一定啦！可能是兩個禮拜或一個月。」我又問：「長出來的毛會是什麼顏色？」他們說：「黃色啊！」我又問：

「長大以後會是什麼顏色?」他們說:「黃色
啊!」後來他們想想好像不太對,好像沒看過
黃色的雞,所以有一、兩個又說:「不一定
啊!,看看牠的爸爸媽媽是什麼顏色。」十個
小朋友,只有一、兩個這樣說,四年級的都還
是這樣的概念。

(89/6/7 教師訪談)

我從雅身上看到建構教學的優點。雅以前上過
別的公立幼稚園,老師和園長對她都很頭痛,
那所幼稚園玩具很多,每天也都進行角落活動,
讓孩子自由遊戲,可是她都覺得不好玩,每天
都大鬧幼稚園。後來園長拜託她轉學。上學期
她轉來我們這裡,還是一樣,常常不想來上學,
一直到期末都是這樣。這學期我們開始進行實
驗教學,她不但很少請假,而且每次討論都是
發言最多的幾位小朋友之一,而且她提供的意
見都很不錯。我們班這兩個月來,上課都滿熱
絡的,最主要是我們感受到孩子的創造力是滿
不錯的。

(89/6/7 教師訪談)

　　筆者在幼稚園進行教學實驗結束之後十一個月,有
一天在師院教授Bruner的教學理論時,一時興起,也和學
生談論剛孵出的小雞羽毛之顏色,以下是當時的談話:

筆者：「剛孵出來的小雞羽毛是什麼顏色？」
大多數學生：「黃色。」有些說：「剛孵出來
應該沒有毛。」筆者接著問：「後來長出來的
毛是什麼顏色？」學生回答：「黃色。」筆者
問：「你們看過公雞或母雞嗎？牠們的羽毛是
什麼顏色？」所有的學生回答：「很多顏色。」
筆者問：「剛孵出的小雞如果都是黃色，為什
麼公雞和母雞有那麼多顏色？」大多數學生回
答：「牠長大會換羽毛，黃色的羽毛掉了，長
出來的羽毛就有各種顏色。」筆者：「你們看
過小雞嗎？」大多數學生：「有。」筆者：「你
們在哪裡看到？」學生：「人家擺在路邊賣
的。」後來，有一位學生說她看過剛孵出的小
雞，她說：「剛孵出來有羽毛，但是毛很少。」
筆者問：「妳看到的羽毛是什麼顏色？」該學
生回答：「黑色。」

　從這段問答可以發現，這些大學生在這方面的知識
並不比幼兒多。這些學生在高中應該都修過生物，都涉
獵過遺傳的知識，但是學校的生物課程似乎並沒有改變
他們早已形成的錯誤概念。
　在教學實驗結束之後，明認養了四隻小雞。明的媽
媽剛好是筆者的同事，筆者在和大學部學生作了上述的
對話之後，又和明的媽媽談論。

　明的媽媽：「我們認養的小雞都已經長大了，

那些都是母的，所以我又去買了一隻花色的公
雞讓他們交配，結果孵出來的小雞有些是黑色
的，有些是有花色。這些小雞又都長大而且又
生下小雞了，現在已經是第三代的了。」她又
說：「學生一定是從書本上的圖片得到的錯誤
印象。」筆者：「學生說他們看到的是在路邊
攤賣的真實小雞。」明的媽媽：「路邊攤賣的
小動物，很多都被被商人染色了。」

第三節　家長的反應

　　「植物的生長」進行到第三週時，幼稚園舉辦了一
次親職講座，邀請研究者向家長說明實驗教學的目的與
實施情形。當晚家長的出席率大約百分之七十，研究者
以所錄製的教學情形向家長說明。說明之後，研究者與
家長又有一段時間的討論，家長的反應相當熱烈。親職
講座結束之後，幼稚園立即作了問卷調查。所有的家長
對於課程的實施情形都非常滿意，調查結果等於是肯定
本實驗教學，這項調查給與實際進行教學的教師莫大地
鼓舞。

　　在實驗教學結束時，有些家長在聯絡簿上也作了些
回應。

剛的媽媽：
剛最近常常提議要養小白兔，但由於家中空間

狹小，哥哥鼻子過敏，醫生建議盡量不要養小動物，無法滿足他的好奇心，唉！看到他好渴望，真是兩難啊！

亞的媽媽：
亞最近的表現的確另人欣慰。老師提供這麼多自然生態豐富的課程，讓孩子從實際操作、觀察中得到不少寶貴知識，能在如此生動活潑的教學環境中學習真是孩子的福氣。

雯的爸爸：
雯對自然界的事物很有興趣，喜歡聽我們讀小牛頓雜誌，且都仔細詢問不懂的地方。幼稚園這學期自然科學的教學十分成功，啓發了她這方面的興趣。

安的爸爸：
安週六拿回牛蛙（蝌蚪）的那天，馬上告訴我：「現在是中午了，牛蛙要吃飯，我們要餵牠吃什麼？」他並且仔細觀察牛蛙到底有沒有吃飯。有時甚至很煩惱地告訴我：「牛蛙沒有吃飼料」……等等。讓我覺得他幾乎把牠當成心愛的寶貝，甚至還對牠充滿期待，希望牠長大……，我想在這飼養的過程中，他真的學習長大了。

明的爸爸：

自從明教室養了小雞及其他小動物之後，每天回家述説沒完，高興的模樣眞叫人疼愛。此外，他掛念小雞放假後沒人照顧，已與爺爺、奶奶、爸媽商量認養二至三隻小雞。目前心思全在小雞身上。

璇的媽媽：
璇回家會告訴我們種雞冠花、綠豆、蛇瓜、向日葵等，以及做綠豆冰和吃綠豆冰的事。上週末把小雞帶回家，她和哥哥都很高興，會主動去餵雞。還告訴我們小雞在學校如何……。璇似乎長大、懂事了許多。

韻的媽媽：
經過課程的訓練，我發覺引起她對自然界莫大的興趣，像是在陽台上自己種綠豆，每日細微觀察，葉子上的毛毛蟲也因此變成她的朋友。最近還在陽台上放置許多食物吸引小鳥來取食，比我設想得還周到，足證她對小動物有無比的愛心。

第四節　研究者的再思

建構教學是應用建構論於教學，要實施建構教學，教師必須對這個理論充分了解，而且要能接受「知識是

建構而得」的觀點。

　　在建構教學之中，教師主要的責任是提出能夠引發幼兒思考的問題，讓幼兒透過反思抽象作用達成知識的建構。在科學知識探究的每一個步驟，老師必須提出問題和幼兒討論，老師的佈題技巧關係著能否引導幼兒去思考問題。在教學之前，教師要預先想好所要問的問題，所問問題要能切中要點並能引發幼兒的思考。當幼兒表達不夠清楚時，老師能對幼兒的觀點加以澄清。幼兒提出觀點時，老師能請幼兒說明所持觀點的理由。當幼兒提出錯誤的觀點或理由時，老師或同儕都能加以質疑或反駁，並且作進一步的討論。透過這樣的討論，幼兒才有可能對自己的思考加以調整與修正，因而對科學知識能有真正的了解。

　　在建構教學之中，教師還要能站在平等的立場與幼兒互動、不以知識的權威自居、不強迫幼兒接受自己的觀點。教師能以學習心態，站在平等的立場和幼兒共同去探究知識，幼兒才會主動而積極的思考與學習，而不會將老師所說的不加思索地接受。如此的學習不是只能複誦老師所教導的知識，而是能對科學知識有完全的了解。

　　建構教學中與傳統教育中的教師角色極為不同，因此要實施建構教學，教師必須對這點有充分的認識，以免實施起來荒腔走板。因為很多教師在自己的求學過程中，接受的都是傳統教學，而自己當了老師之後，也一直是以過去自己接受教育的方式進行教學。所以對這些教師而言，要他們重新去定位自己的角色並非易事，除非教師本身對自己的教學現況有所不滿並且亟思改變。

Hardy與Taylor（1997）指出，多年來客觀主義的知識觀、學習觀、數學與科學的本質觀一直是整個社會與專業界的思想主流，現在肩負教育責任的教師，他們的思想已深受客觀主義的影響。因此要解除客觀主義的知識觀、學習觀、數學與科學本質觀對他們思想的影響，進而期望他們接受建構主義並應用它在教學不是一件容易的事。

　　因此，實施建構教學，教師還要不斷地去作教學反省，避免回到過去的教學方式而不自知。Tobin（1993）指出應用建構主義於教學，教師若不能經常去反省自己在實際教學中所扮演的角色，並且重新去界定自己的角色，實際進行教學時教師可能還是依循過去的教學方式而不自知。因此要實施建構教學，教師必須重新思考被自己視為理所當然的教學方式、調整自己和學生互動的方式，以及調整自己處理事情的方式（甯自強，民85）。

　　自然科學的學習必須透過操作、觀察與實驗才能獲得知識。幼兒的自然科學教育亦不例外，但是除了提供學習者實際操作的機會之外，教師必須透過問題引導幼兒去建構科學知識。幼兒自然科學知識的學習是在和老師及同儕的互動建構中發生，在這樣的學習過程中，教師是一個佈題者。教師的問題猶如幼兒學習的鷹架，引導幼兒去思考所要學習的知識，去表達自己的觀點，也去思考同儕的觀點，思考不同觀點的合理性，而調整或修正自己的觀點。在這樣的學習中，教師不是解題者，也不是知識的權威，學習是在師生不斷地討論協商中建構對所探究的問題之了解。

　　實驗操作固然是幼兒科學知識學習過程中的必要活

動，但是師生之間的對話更是這個過程中不可或缺的活動。缺乏良好構思的問題，很可能使實驗操作的活動變成一團混亂且毫無意義（Brown, 1986）。只是透過調查活動，兒童的觀點並不能獲得修正或更為精進，在調查活動中教師必須積極地與兒童互動，幫助他們去反省思考他們所作所為、他們原有的觀點及其他可能的觀點（Biddulph & Osborne, 1984）。

　　教師所問的問題要能引發幼兒思考，還要能澄清幼兒的觀點，質疑或反駁幼兒錯誤的觀點，製造認知衝突的機會，讓幼兒的思考經過自我調整與修正，而能獲得科學知識。透過這樣的學習，幼兒感受到思考的樂趣，學習興趣因而提高，幼兒因此會主動地觀察與記錄，由此去驗證他們的想法。透過長期的觀察記錄又培養了幼兒敏銳的觀察力與良好的記錄技巧，所以合作建構教學是能兼顧認知、情意和技能的良好學習模式。

❖❖❖❖ 參考文獻 ❖❖❖❖

尹萍、王碧譯（民 84）：你管別人怎麼想。台北：天下
　　文化。

朱則剛（民 85）：建構主義知識論對教學與教學研究的
　　意義。教育研究雙月刊，49 期，39-45 頁。

吳遠程譯（民84）：別鬧了，費曼先生。台北：天下文化。

岡田正章（民 85）（編）：幼稚園自然事象 • 數量形教
　　學設計。台北：武陵。

周淑惠（民86）：幼兒自然科學經驗─教材教法。台北：
　　心理。

高敬文、黃美瑛、陳靜媛、羅素貞（民 78）：兒童科學
　　教具與玩具之評估：以認知概念為基礎的模式。國
　　科會專題研究報告。

黃炳煌（民75）：課程理論之基礎。台北：文景。

教育部國民教育司（民76）：幼稚園課程標準。

陳淑敏（民 82）：配合發展的教學之迷思。初等教育，
　　5 期，65-83 頁。

陳淑敏（民 83）：Vygotsky 的心理發展理論和教育。屏東
　　師院學報，7 期，119-144 頁。

陳淑敏（民 84）：Vygotsky「最近發展區」概念內涵的探
　　討。屏東師院學報，8 期，503-526 頁。

陳淑敏（民 84）：社會性互動對認知發展的影響。八十
　　四學年度師範學院教育學術論文發表會。

陳淑敏（民 85）：從社會互動看 Piaget 與 Vygotsky 的理論

及其對幼教之啟示。論文發表於皮亞傑與維高斯基的對話學術研討會。台北：台北市立師範學院。

陳淑敏（民85）：同儕互動與認知發展。國科會專題研究報告。

陳淑敏（民86）：從建構主義的教學理論談教師專業成長。新幼教，14期，38-40頁。

陳淑敏（1998）：一個讓幼兒充分發揮想像力與創造思考力的學校系統。載於沈慶揚等師資培育與教育研究。高雄：復文。

陳燕珍譯（民88）：幼兒物理知識活動。台北：光佑。

張世忠（民87）：互動討論在師資教育科目教學上的實行與應用。教育研究資訊，6卷6期，1-13頁。

甯自強（民82）：『建構式教學法』的教學觀。國教學報，5期，33-42頁。

甯自強（民85）：淺談建構教學的幾個概念。教育研究雙月刊，49期，4-6頁。

蔡敏玲（民87）：「內」「外」之間與之外的模糊地帶：再思建構論之爭議。課程與教學，1卷3期，81-96。

熊召弟（民85）：建構者觀的自然科學教學。科學教育研究與發展，3期，3-11頁。

Bentley, M. L. (1998). Constructivism as a referent for reforming science education. In M. Larochelle, N. Bednarz & J. Garrison (Eds.), *Constructivism and education.* Cambridge: Cambridge University Press.

Biddulph, F., & Osborne, R. (1984). *Make sense of our world: An interactive teaching approach.* Science Education Research

Unit, University Warkalo, Hamilton, New Zealand.

Bliss, J. (1995). Piaget and after: The case of learning science. *Studies in Science Education,* 25, 139-172.

Brown, A. L., & Campione, J. C. (1996). Guided discovery in a community of learners. In K. McGilly (Ed.), *Classroom lessons: integrating cognitive theory and classroom practice.* (2nd ed.). Cambridge: MIT Press.

Brown, I. D. (1986). Topic 4: Teacher questioning techniques. *Staff development project-Science Grades K-6.* Jackson, MS: Mississippi Association for Teacher Education. (ERIC Document No. ED 285 726).

Carey, S. (1985). *Conceptual change in childhood.* Cambridge, MA: MIT Press.

Carey, S. (1986). Cognitive science and science education. *American Psychologist,* 41, 1123-1130.

Champagne, A. B., & Klopfer, L. E. (1984). Research in science education: The cognitive psychology perspective. In D. Holdzdom & P. B. Lytz (Eds.), *Research within reach: Science education.* Charleston, WV: Research and Development Interpretation Service, Appalachia Educational Laboratory.

Cobb, P., Wood, T., & Yackel, E. (1993). Discourse, mathematical thinking, and classroom practice. In E. A. Forman, N. Minick, & C. A. Stone. (Eds), *Contexts for learning.* New York: Oxford University Press.

Devries, R., & Kohlberg, L. (1987). *Programs of early education: The constructivist view.* New York: Longman.

Driver, R. (1990). The construction of scientific knowledge in school classrooms. In R. Miller(Ed.), *Doing science: image of science in science education.* London, England: Palmer Press.

Driver, R., & Bell, B. (1986). Student's thinking and the learning of science: A constructivist view. *School Science Review,* 67 (240), 443-456.

Driver, R., Guesne, E., & Tiberghien, A. (1985). *Children's ideas in science.* London: Open University Press.

Duckworth, E. (1996). *"The having of wonderful ideas" and other essays on teaching and learning.* New York: Teachers College Press.

Duit, R. (1995). The constructivist view: A fashionable and fruitful paradigm for science education research and practice. In L. P. Steffe & J. Gale (Eds.), *Constructivism in education.* Hillsdale, NJ: Lawrence Erlbaum.

Gergen, K. J. (1995). Social construction and the educational process. In L. P. Stefffe & J. Gale (Eds.), *Constructivism in education.* Hillsdale, NJ: Lawrence Erlbaum.

Hanato, G., & Inagaki, K. (1993). Sharing cognition through collective comprehension. In L. B. Resnick, J. M. Levine & S. D. Teasley (Eds.), *Perspectives on socially shared cognition.* Washington, DC: American Psychological Association.

Hardy, M. D., & Taylor, P. (1997). Von Glasersfeld's radical constructivism: A critical review. *Science and Education,* 6(1-2), 135-150.

Johnson, C. N., & Wellman, H. M. (1982). Children's developing conceptions of the mind and the brain. *Child Development,* 53, 222-234.

Kamii, C. (1997). *Basing early childhood education on Piaget's constructivism.* 論文發表於建構主義在國小低年級和幼稚園數學教學的應用學術研討會。台北：台北市立師範學院。

Karpov, Y. V., & Haywood, H. C. (1998). Two ways to elaborate Vygotsky's concept of mediation: Implication for instruction. *American Psychologist,* 53, 27-36.

Landry, C., & Forman, G. E. (1999). *Research on early science education.* (ERIC Document Reproduction Service No. ED 436 256).

Lind, K. K. (1997). Science in the developmentally appropriate integrated curriculum. In C. H. Hart, D. C. Burts, & R. Charlesworth (Eds.), *Integrated curriculum and developmentally appropriate practice.* Albany, NY: State University of New York.

McCloskey, M. (1983). Naive theories of motion. In D. Geniter & A. Stevens (Eds.), *Mental models.* Hillsdale, NJ: Erlbaum.

Moll, L. C., & Whitemore, K. F. (1998). Vygotsky in classroom practice: moving from individual transmission to social transaction. In D. Faulkner, K. Littleton & M. Woodhead(Eds.), *Learning relationships in the classroom.* London: Routledge.

Piaget, J. (1970). *Science of education and the psychology of the child.* New York: Viking Compass. (First published in 1969).

Piaget, J. (1971). *Biology and knowledge.* Chicago, IL: The University of Chicago Press. (Original work published in Paris in

1967).

Piaget, J. (1972). *The priciples of genetic epistemology.* New York: Basic Books. (Original work published in French in 1970).

Piaget, J. (1973). *To understand is to invent.* New York: Grossman. (First published in Prospects, UNESCO Quarterly Review of Education, 1948).

Piaget, J. (1979). *The child's conception of the world.* Totowa, NJ: Littlefield, Adams & Co. (First published in English by Routledge and Kegan Paul in 1929).

Piaget, J. (1983). Piaget's theory. In P. H. Mussen (Ed.), *Handbook of Child Psychology.* New York: John Wiley & Son.

Piaget, J. (1995). Genetic logic and sociology. In J. Piaget, *Sociological studies* (L. Smith, Ed.). New York: Routledge. (Original article published in French in 1928).

Piaget, J. (1995). Loical operation and social life. In J. Piaget, *Sociological studies* (L. Smith, Ed.). New York: Routledge. (Original article published in French in 1945).

Piaget, J. (1995). Explanation in sociology. In J. Piaget, *Sociological studies* (L. Smith, Ed.). New York: Routledge. (Original article published in French in 1950).

Posner, G. J., Strike, K. A., Hewson, P. W., & Gertzog, W. A. (1982). Accommodation of a scientific conception: Toward a theory of conceptual change. *Science Education*, 66(2), 211-227.

Splitter, L. J., & Sharp, A. M. (1995). *Teaching for better thinking.* Australia: Australia Council for Educational Research.

Staver, J. R. (1986). *The constructivist epistemology of Jean Piaget:*

Its philosophical roots and relevance to science teaching and learning. (ERIC Document Reproduction Service No. ED 278 563).

Staver, J. R. (1998). Constructivism: Sound theory for explicating the practice of science and science teaching. *Journal of Research in Science Teaching,* 35(5), 501-520.

Tobin, K. (1993). Constructivist perspectives on teacher learning. In K. Tobin (Ed.), The practice of constructivism in science education. Hillsdale, NJ: Lawrence Erlbaum.

Tobin, K. (1998). Sociocultural perspectives on the teaching and learning of science. In M. Larochelle, N. Bednarz & J. Garrison(Eds.), *Constructivism and education.* Cambridge: Cambridge University Press.

Viennot, L. (1979). Spontaneous reasoning in elementary dynamics. *European Journal of Science Education,* 1, 205-221.

von Glaserfeld, E. (1992). An interpretation of Piaget's constructivism. In L. Smith(Ed.), *Jean Piaget: Critical assessments* (Vol.IV). London: Routledge.

von Glasersfeld, E. (1993). Questions and answers about radical constructivism. In K. Tobin (Ed.), *The practice of constructivism in science education.* Hillsdale, NJ: Lawrence Erlbaum Associate.

von Glasersfeld, E. (1995). *Radical constructivism: A way of knowing and learning.* Bristol, PA: The Falmer Press.

von Glasersfeld, E. (1995). A constructivist approach to teaching. In L. P. Steffe & J. Gale (Eds.), *Constructivism in education.*

Hillsdale, NJ: Lawrence Erlbaum.

von Glasersfeld, E. (1998). Why constructivism must be radical. In M. Larochelle, N. Bednarz & J. Garrison (Eds.), *Constructivism and education.* Cambridge: Cambridge University Press.

Vygotsky, L. S. (1978). *Mind in society: The development of higher psychological processes.* Cambridge, MA: Harvard University Press.

Vygotsky, L. S. (1962). *Thought and language.* Cambridge, MA: M. I. T. Press.

Yager, R. E., & Lutz, M. V. (1994). Intergrated science: The importance of "how" versus "what". *School Science and Mathematics,* 94(7), 338-346.

Zuckerman, G. A., Chudinova, E. V., & Khavkin, E. E. (1998). Inquiry as a pivotal element of knowledge acquisition within the Vygotskian paradigm: Building a science curriculum for the elementary school. *Cognition and Instruction,* 16(2), 201-233.

國家圖書館出版品預行編目資料

幼稚園建構教學：理論與實務／陳淑敏著.--初版.--
臺北市：心理,2001（民90）

面；　公分.--（幼兒教育；53）
參考書目：面

ISBN 957-702-461-0（平裝）

1.　學前教育—教學法

523.23　　　　　　　　　　　90014980

幼兒教育 53　　**幼稚園建構教學：理論與實務**

作　　　者：陳淑敏
執行編輯：林怡君
總　編　輯：林敬堯
出　版　者：心理出版社股份有限公司
社　　　址：台北市和平東路一段 180 號 7 樓
總　　　機：(02) 23671490　　傳　　真：(02) 23671457
郵　　　撥：19293172　心理出版社股份有限公司
電子信箱：psychoco@ms15.hinet.net
網　　　址：www.psy.com.tw
駐美代表：Lisa Wu　　tel: 973 546-5845　fax: 973 546-7651
登 記 證：局版北市業字第 1372 號
電腦排版：臻圓打字印刷有限公司
印 刷 者：翔盛印刷有限公司
初版一刷：2001 年 9 月
初版三刷：2006 年 3 月

讀者意見回函卡

No. _____　　　　　　　　　　填寫日期：　年　月　日

感謝您購買本公司出版品。為提升我們的服務品質，請惠填以下資料寄回本社【或傳真(02)2367-1457】提供我們出書、修訂及辦活動之參考。您將不定期收到本公司最新出版及活動訊息。謝謝您！

姓名：_____　　性別：1□男　2□女

職業：1□教師 2□學生 3□上班族 4□家庭主婦 5□自由業 6□其他____

學歷：1□博士 2□碩士 3□大學 4□專科 5□高中 6□國中 7□國中以下

服務單位：_____　部門：_____　職稱：_____

服務地址：_____　電話：_____　傳真：_____

住家地址：_____　電話：_____　傳真：_____

電子郵件地址：_____

書名：_____

一、您認為本書的優點：（可複選）

　❶□內容 ❷□文筆 ❸□校對 ❹□編排 ❺□封面 ❻□其他____

二、您認為本書需再加強的地方：（可複選）

　❶□內容 ❷□文筆 ❸□校對 ❹□編排 ❺□封面 ❻□其他____

三、您購買本書的消息來源：（請單選）

　❶□本公司 ❷□逛書局⇨_____書局 ❸□老師或親友介紹

　❹□書展⇨____書展 ❺□心理心雜誌 ❻□書評 ❼其他_____

四、您希望我們舉辦何種活動：（可複選）

　❶□作者演講 ❷□研習會 ❸□研討會 ❹□書展 ❺□其他____

五、您購買本書的原因：（可複選）

　❶□對主題感興趣 ❷□上課教材⇨課程名稱_____

　❸□舉辦活動　❹□其他_____　　（請翻頁繼續）

心理出版社 股份有限公司

台北市 106 和平東路一段 180 號 7 樓

TEL: (02) 2367-1490
FAX: (02) 2367-1457
EMAIL:psychoco@ms15.hinet.net

沿線對折訂好後寄回

六、您希望我們多出版何種類型的書籍

❶□心理 ❷□輔導 ❸□教育 ❹□社工 ❺□測驗 ❻□其他

七、如果您是老師,是否有撰寫教科書的計劃:□有□無

書名/課程: _____

八、您教授/修習的課程:

上學期: _____

下學期: _____

進修班: _____

暑　假: _____

寒　假: _____

學分班: _____

九、您的其他意見

謝謝您的指教!

51053